elefante

conselho editorial
Bianca Oliveira
João Peres
Tadeu Breda

edição
Tadeu Breda

assistência de edição
Carla Fortino
Fabiana Medina

preparação
Mariana Zanini

revisão
Laila Guilherme
Érika Nogueira Vieira

projeto gráfico
Leticia Quintilhano

direção de arte
Bianca Oliveira

diagramação
Victor Prado

tradução
Renata Balbino

bell hooks

pertencimento
uma cultura do lugar

*Dancemos em um círculo de amor —
vivamos em uma comunidade amorosa*

*Sou muito grata à cidade de Berea
por me acolher — por me dar um lugar
ao qual pertencer —*

*e gostaria de agradecer especialmente a
Pete Carpenter, Paige Cordial, Timi Reedy,
Jane Post, Vicky e Clarence Hayes, Bobby
Craig, Eugene Powell, Susan King, Stephanie
Browner, Linda, Alina, Libby, Peggy, Tammy,
prefeito Steve Connelly, Vernon, Angela
e a toda a minha família do Kentucky.*

prefácio à edição brasileira
  pertencimento e sua dimensão de cura, **8**
  Halina Leal

nota da edição, 18

introdução
  saber para onde estou indo, **20**

01. o Kentucky é o meu destino, **28**
02. movida pelas montanhas, **54**
03. tocar a terra, **66**
04. reivindicação e reconciliação, **76**
05. sentir-se plena e sagrada, **94**
06. mais uma vez: a segregação precisa acabar, **116**
07. entre as plantações de tabaco, **142**
08. o vínculo com a terra: em solo firme, **158**
09. excentricidade inspiradora, **166**
10. um lugar de descanso para a alma, **178**
11. juntando todas as peças, **192**
12. sobre ser uma escritora do Kentucky, **202**
13. de volta à ferida, **210**
14. conversa que cura: um diálogo, **224**
15. retome a noite, reconstrua o presente, **248**
16. hábitos do coração, **266**

sobre a autora, 281

prefácio à edição brasileira

pertencimento e sua dimensão de cura
Halina Leal

Gloria Jean Watkins nasceu em 1952, em Hopkinsville, Kentucky, numa família negra estadunidense da classe trabalhadora. Adotou o pseudônimo de bell hooks em homenagem à bisavó, Bell Blair Hooks, mãe de sua avó materna, Sarah Hooks Oldham. "Dizer o nome delas é uma forma de resistir, de se opor ao apagamento das mulheres negras — a marca histórica da opressão racista e sexista", escreve. Da mesma forma, pronunciar "bell hooks" é reafirmar a potência das mulheres negras. Seu nome, cunhado em letras minúsculas — segundo ela, para ressaltar a essência de seus escritos mais do que a ela mesma —, é um recado sutil, ou não tão sutil, que expressa o taxativo enunciado: "Prestem atenção no que eu digo, prestem atenção no que nós dizemos, prestem atenção em nós, nas nossas experiências de mulheres negras!".

bell hooks, em sua vasta obra, recorrentemente salienta o fato de que é a partir de determinado lugar que teorizamos a respeito de nossas mais variadas inquietações. Nesse sentido, olhar para o lugar a partir do qual bell hooks se expressa — o que envolve necessariamente olhar para as suas experiências — é significativo para conhecê-la e entender como esse lugar se reflete em sua ampla contribuição literária e política. A autora passou pela segregação racial durante a infância e pelo movimento de integração na adolescência; vivenciou, enquanto mulher negra, as experiências de quem está à margem da sociedade, expressas por vulnerabilidade política e social, invisibilidades e violências. É com os pés fincados nessa realidade que hooks teoriza a respeito das opressões de gênero, de raça e de classe presentes no que ela denomina "patriarcado supremacista branco capitalista imperialista". Percorrer as narrativas da autora permite penetrar suas vivências não somente para interpretar seus pensamentos, ou teorizar a partir deles, mas para refletir acerca de nossas próprias vivências e ações, tendo como base seu modelo teórico-prático de abordagem.

    Entre os livros de bell hooks que li até agora, *Pertencimento: uma cultura do lugar* é um dos que mais me fez pensar sobre a minha vida. Enquanto mulher negra brasileira, oriunda de uma família da classe trabalhadora, não sofri a segregação racial nos termos estadunidenses, mas vivencio e sou atravessada por experiências, pensamentos e sentimentos que me levam a tentar compreender o que significa pertencer a algum lugar. Já estive em várias cidades, estados e países, transitei e transito por diversas instituições; durante muito tempo, não me senti pertencer a lugar nenhum. Sempre assumi essa experiência como resultado de um certo desprendimento, cosmopolitismo: sou de vários lugares, sou do mundo! Será?

    Ao percorrer as narrativas deste livro, reforcei algo que há tempos vem tomando forma em mim. Não, minha postura talvez não seja cosmopolita. Talvez eu tenha, em grande parte da vida, deixado de lado, por tentativas de autoproteção, a ideia de pertencimento. Como afirma hooks nas primeiras linhas da introdução a esta obra, "a ideia de lugar — ao qual pertencemos — é um assunto recorrente para muitos de nós", por mais que tentemos evitar. Mas por que tentamos tantas vezes escapar da busca e do reconhecimento do "nosso" lugar territorial e simbólico? Provocada por hooks, e refletindo acerca das minhas experiências de "negação", não há como desconectá-las do fato de ser atravessada por opressões de gênero, de raça e de classe. É desse lugar que afirmo, juntamente com hooks, que, enquanto mulher negra, não é fácil pertencer a um lugar definido pelo "patriarcado supremacista branco".

hooks captura nossa atenção por meio de análises intimistas, honestas e, ao mesmo tempo, extremamente amplas e críticas com relação à nossa vida e ao nosso lugar no mundo. Aqui, a autora resgata a si mesma — e, sobretudo, se abre à compreensão do que significa pertencer, do quanto o racismo e o sexismo estão na raiz de sentimentos de não pertencimento e do quanto a perspectiva ancestral, intimamente relacionada a conexões com a terra, com o meio ambiente e com estéticas opositoras, nos permite a identificação e, portanto, se constitui num caminho de cuidado e cura.

Este livro foi escrito num momento de retorno de hooks, não somente a seu estado de origem, o Kentucky, mas a seu "extraordinário lar", a seu lugar de pertencimento, onde, segundo ela, "poderia morrer" — e onde, de fato, morreu, em 15 de dezembro de 2021. A autora tenta nos mostrar que "pertencer" envolve reconhecer o valor da vida, respeitando a diversidade de ecossistemas e experimentando a conexão entre o mundo natural e a liberdade possível advinda daí. Ela ressalta que, nas experiências das pessoas negras, tal conexão permite, de forma mais fluida, a autodeterminação. No capítulo 3, "Tocar a terra", hooks aponta para o fato de que o capitalismo industrial modificou não somente a natureza do trabalho negro mas também as práticas comunitárias, centrais para a dinâmica rural e para a autoestima das pessoas negras. "O afastamento da natureza e a separação entre corpo e mente facilitaram a internalização, pelos negros, das premissas da supremacia branca", escreve. Em outras palavras, o afastamento dos negros da dimensão natural da vida (de sua relação com a terra) favoreceu um desvio em sua autoimagem e a busca por identificação com padrões que não correspondem a suas experiências mais profundas.

Outro elemento essencial deste livro é o modo como hooks desenvolve as análises sobre as origens de sensações de não pertencimento relacionadas à construção de "identidades negras". Nesse ponto, não há como não se referir ao "patriarcado supremacista branco capitalista imperialista", em seus mecanismos reforçadores da segregação e em suas consequências negativas sobre as pessoas negras. Em especial no capítulo 6, "Mais uma vez: a segregação precisa acabar", ela discorre sobre a falsa sensação de que o racismo acabou, sobre o quanto o racismo afeta a dimensão psicológica das pessoas negras e, principalmente, sobre o quanto a perspectiva territorial, de propriedade e de moradia é segregacionista.

hooks discorre sobre o fato de que, não importa a inclinação política das pessoas, a maioria se mantém conservadora com relação a terra e propriedade. No que se refere às pessoas brancas que adotam estilos de vida "alternativos", ela pontua o fato de a contracultura até agora ter sido incapaz de mudar a essência do pensamento e da cultura dominantes. Grande parte das pessoas brancas "descoladas" costuma vir de classes privilegiadas e, no campo da moradia, ao se mudarem para bairros habitados por pessoas racializadas, não se dão conta de que seus gestos de "solidariedade e abertura à diversidade" acabam afastando essas pessoas, desprivilegiadas, desses lugares. Isso ocorre porque onde há mais brancos há mais valor de mercado e, portanto, menor chance de acesso a quem está e sempre esteve em situação econômica fragilizada — ou seja, as pessoas racializadas. Dessa forma, a discriminação no mercado imobiliário se perpetua sem que os privilegiados se deem conta de quanto suas escolhas por moradia podem ajudar a discriminação racial. hooks chama a atenção o tempo todo para a nossa dificuldade de enxergar as manifestações veladas da supremacia branca.

Essa dificuldade também é tratada pela autora no que se refere ao reconhecimento, por parte da branquitude, de representações negativas que suas presenças e imagens causaram e ainda causam na imaginação negra. No capítulo 1, hooks afirma: "Em nossa psico-história — ou seja, a cultura do povo negro do Sul que viveu durante a época de duro apartheid racial tolerado de forma legal —, a face do terror sempre será branca. E os símbolos dessa branquitude sempre vão desencadear medo".

Nas experiências das pessoas negras, por mais que seja difícil assimilar as diferentes maneiras pelas quais se manifestam sentimentos de receio, identificar e nomear o que a branquitude representa é vivenciar algum tipo de angústia e de medo; é nomear, segundo ela, o terror. Esse terror, juntamente com um misto de outros sentimentos, causa danos psicológicos profundos a quem é oprimido pelo racismo.

13

Neste livro, a análise de hooks acerca das questões raciais ocupa muito mais espaço do que a análise das questões de gênero, mas ela não deixa de apresentar e criticar as consequências do patriarcado enraizadas em nossa sociedade. A autora menciona a importância de os movimentos feministas estarem atentos a seus limites. Os feminismos, ela ressalta, não modificaram o domínio dos homens nos espaços públicos. Conectando a análise teórica às próprias vivências, hooks identifica como a mentalidade patriarcal atravessou suas experiências familiares, sobretudo com o próprio pai. No capítulo 10, "Um lugar de descanso para a alma", a autora revela: "Aprendemos que era melhor não sermos vistas na varanda quando ele aparecesse na calçada depois de um longo dia de trabalho. Aprendemos qual era o nosso lugar: dentro de casa, proporcionando um mundo confortável para o patriarca, preparadas para nos curvar e servir — não se curvar no sentido literal, mas subordinar nossa vida". É o elemento patriarcal sempre presente.

Um dos pontos mais inspiradores deste livro é a persistência de hooks na busca por libertação e cura dos efeitos danosos do "patriarcado supremacista branco capitalista imperialista". Para isso, além da ênfase na necessidade de um equilíbrio nas nossas relações com a natureza, a autora também fala sobre a importância do reconhecimento da ancestralidade. E nos apresenta dois eixos importantes desse reconhecimento, que fizeram parte de sua vida: um ligado ao cultivo da terra, nas plantações de tabaco; outro ligado à arte e à estética, na confecção de colchas de retalhos.

No que concerne à terra e à atividade agrícola exercida pelos negros, ela aponta para o fato de que, no passado, os agricultores negros tinham uma cultura de pertencimento que foi apagada. Essa cultura forneceu as bases para a reconstrução e a consciência opositora daqueles que saíram da escravidão, com um resgate da autoestima, apesar da situação difícil em que se encontravam. Ao remeter às lembranças de seus avós, hooks enfatiza o quanto, para eles, a terra era sagrada. Eles ensinavam a ter cuidado e respeito com a terra, alertando para o fato de que ela dá a vida, mas também pode tirá-la. Além disso, seus ancestrais não comparavam a natureza a uma mãe, pois não dividiam o mundo em categorias de gêneros opostos, como as estratégias utilizadas pelos feminismos reformistas e pelo ativismo ambiental.

Já a atividade de confeccionar colchas de retalhos, às quais sua avó e sua bisavó maternas se dedicaram durante grande parte da vida, a faz resgatar histórias da própria família e de mulheres negras artistas que foram e são apagadas. Segundo hooks, sua avó gostava de tecer colchas por se tratar de uma atividade que proporcionava harmonia e equilíbrio à psique e, sobretudo, que a levava para uma dimensão de autodeterminação, na qual parava de servir às necessidades dos outros para se voltar a si mesma.

Para hooks, o trabalho das tecedoras negras de colchas de retalhos necessita ser analisado a partir de um enfoque feminista que considere o impacto de raça, gênero e classe. Diferentemente das mulheres brancas, com acesso a materiais e tempo para produzir suas colchas, as mulheres negras exercitavam a imaginação criativa apesar das dificuldades econômicas e das condições opressivas que enfrentavam. Eram dotadas de um senso estético passado de geração a geração, e essa era uma "estética opositora", pois se opunha à ideologia hegemônica que insistia — e ainda insiste — em negar às pessoas negras a capacidade de sentir e proporcionar sentimentos estéticos autênticos, com valor não somente para a comunidade negra.

hooks reivindica, portanto, a visibilização dessas mulheres e de seus trabalhos, para um compartilhamento de suas heranças. Esse movimento da autora mostra, mais uma vez, que, do atravessamento de suas experiências, ela amplia a reflexão teórica a respeito de questões que não afetam somente a ela. O olhar para o ancestral é expresso, nas linhas desta obra, como fundamental para a produção de sentimentos de pertencimento — para hooks e para todas as pessoas atravessadas pelas opressões do "patriarcado supremacista branco capitalista imperialista". Em última análise, o que ela está dizendo é que a sensação de pertencimento envolve o resgate de hábitos ancestrais, e que a ancestralidade nos remonta como coletividade.

Essa coletividade representa uma cultura do lugar, de ser, existir, reexistir e resistir. Isso foi o que hooks fez durante toda a vida. *Pertencimento* é uma parte da inspiradora história de uma mulher que lutou muito — e o fez de forma crítica, consciente e amorosa. Crítica, consciência e amor permitem a cada uma de nós encontrar o seu papel de atuação para o fim das opressões.

No capítulo 13, "De volta à ferida", ao lembrar de Wendell Berry, um escritor do Kentucky que ela teve como referência de pessoa branca crítica e consciente de seu papel na luta antirracista, hooks escreve: "Vocês [pessoas brancas] precisam levar consciência crítica aos lugares aos quais têm acesso e descobrir por si só o seu papel nisso". Um recado para lembrar que não só nós, pessoas negras, devemos ser críticas, conscientes e lutar pelo fim do racismo. E para lembrar também que a luta de bell hooks, acima de tudo, carrega uma dimensão amorosa, encorajando-nos recorrentemente a seguir em busca do pertencimento e da cura, por meio da formação e da manutenção de comunidades de cuidado e de amor.

Halina Leal é doutora em filosofia pela Universidade de São Paulo (USP), com estágio de doutoramento na Universidade Stanford, nos Estados Unidos. É professora da Universidade Regional de Blumenau (FURB), em Santa Catarina, onde colabora com o Programa de Pós-Graduação em Desenvolvimento Regional e lidera o Grupo Interdisciplinar de Pesquisas em Gênero, Raça e Poder. É membra dos grupos de trabalho de Filosofia e Gênero e de Filosofia e Raça da Associação Nacional de Pós-Graduação em Filosofia (Anpof) e pesquisadora associada da Associação Brasileira de Pesquisadores/as Negros/as (ABPN), além de coeditora do blog *Mulheres na Filosofia*.

nota da edição

Pertencimento: uma cultura do lugar é a tradução de *Belonging: a Culture of Place*, lançado nos Estados Unidos em 2009. Excluímos desta edição quatro ensaios já publicados pela Elefante em outros livros de bell hooks.

"Representations of Whiteness in the Black Imagination" apareceu como "Representações da branquitude na imaginação negra" em *Olhares negros: raça e representação*, lançado em 2019, com tradução de Stephanie Borges.

"An Aesthetic of Blackness: Strange and Oppositional" ("Uma estética da negritude: estranha e opositiva") e "Aesthetic Inheritances: History Worked by Hand" ("Heranças estéticas: a história feita à mão") integram o livro *Anseios: raça, gênero e políticas culturais*, publicado em 2019, com tradução de Jamille Pinheiro Dias.

"A Community of Care" foi traduzido por Jess Oliveira como "Uma comunidade de cuidados" e faz parte de *Escrever além da raça: teoria e prática*, lançado em 2022.

introdução
saber para onde estou indo

A ideia de lugar — ao qual pertencemos — é um assunto recorrente para muitos de nós. Queremos saber se é possível viver em paz em algum lugar do mundo. É possível tolerar a vida? Podemos adotar um *éthos* sustentável que não envolva apenas o devido cuidado com os recursos naturais mas também a criação de significado, de uma vida que valha a pena ser vivida? Uma canção de Tracy Chapman expressa esse anseio ao repetir: "Quero acordar e saber para onde estou indo".[1] Toda vez que viajo, fico atordoada ao ver que muitos estadunidenses se sentem perdidos, sem direção, como se não conseguissem enxergar para onde nossa jornada nos leva, como se não soubessem qual seu rumo. Muita gente não tem senso de lugar, mas, sim, um senso de crise, de desgraça iminente. Até mesmo os idosos, que viveram muitas e muitas décadas, dizem que hoje a vida é diferente, "estranha demais", que o nosso mundo é de "excessos" — e que esses excessos criam uma personalidade arredia, uma angústia diária que molda os hábitos daqueles que estão perdidos, vagando por aí, procurando por algo.

---

1 No original, "I want to wake up and know where I'm going". A canção é "I'm ready", do álbum *New Beginning*, de 1995. [N.E.]

Baba (Sarah Oldham), a mãe de minha mãe, diria que é um mundo de "muito querer e de muito desperdício". Ela viveu de maneira simples, uma vida demarcada pelas estações: primavera para a esperança e o plantio; verão para observar tudo crescer, fazer caminhadas e sentar-se na varanda; outono para a colheita; inverno rigoroso para a quietude, o momento de costurar e descansar. Durante toda a minha infância até o primeiro ano em que morei longe da família, já adulta, Baba viveu em segurança em um sobrado de madeira — seu santuário na terra, seu lar. Ela não dirigia. Não é preciso dirigir se você quer que o seu lugar na terra seja um em que possa circular a pé. Havia outras pessoas como ela na minha infância, pessoas que preferiam caminhar sentindo os pés bem firmes no chão a estar atrás do volante de um automóvel. Na infância, éramos fascinados por pessoas que faziam caminhadas, pelos braços que balançavam ritmados e os passos largos que permitiam avançar rapidamente, percorrendo quilômetros em um só dia, mas sempre em terras conhecidas, sempre voltando à realidade habitual, andando com uma intenção definida: a vontade de manter raízes no solo familiar e a certeza de saber o seu lugar.

Assim como muitas pessoas da minha geração, quero encontrar meu lugar neste mundo, experimentar a sensação de retorno ao lar, a sensação de estar ligada a um local. Nessa procura por um lugar de pertencimento, fiz uma lista do que precisarei para fincar raízes. O primeiro item é: viver onde eu possa caminhar. Preciso ser capaz de andar até o trabalho, até uma loja, até um lugar onde eu possa me sentar, tomar um chá e socializar. Ao caminhar, consigo demarcar minha presença, como alguém que reivindica a terra, criando uma sensação de pertencimento, uma cultura do lugar. Também fiz uma lista de cidades em que eu talvez gostasse de morar: Seattle, San Francisco, Tucson, Charleston, Santa Fé (entre muitas outras). Viajei até esses locais à procura da sensação de pertencimento que pudesse transformar algum deles em meu lar. Ironicamente, meu estado de origem, o Kentucky, não estava nessa lista. E, à época, nunca passaria pela minha cabeça, nem mesmo remotamente, considerar voltar para onde nasci. Ainda assim, o Kentucky é onde termina minha jornada à procura de um lugar. E foi aqui que comecei a escrever estes ensaios.

Pertencimento: uma cultura do lugar registra meus pensamentos sobre questões de lugar e pertencimento. Misturando passado e presente, este livro traça uma jornada em círculos, na qual dou voltas de um lugar a outro até terminar onde comecei: no meu velho Kentucky. Para mim, a repetição é assustadora. Ela parece sugerir uma estática eterna. Lembra-me dos dias quentes de verão da infância, que passavam muito devagar, repetindo sempre os mesmos padrões de rotina. Existe muita repetição neste trabalho. Ele abrange toda a minha vida. E isso me faz lembrar de como os meus antepassados contavam as mesmas histórias diversas vezes. Ouvir a mesma história faz com que nunca nos esqueçamos dela. Então conto a minha história aqui seguidamente. Fatos e ideias se repetem, porque cada ensaio foi escrito de maneira isolada — em momentos distintos.

Muitos dos ensaios deste livro abordam principalmente questões de terra e propriedade. Ao refletir sobre a migração em massa dos negros dos Estados Unidos no início do século xix, quando noventa por cento da população da zona rural do Sul se deslocou para as cidades do Norte, escrevo sobre os agricultores negros, sobre as pessoas negras comprometidas com a produção local de alimentos tanto no passado quanto no presente, com o cultivo orgânico e com a busca por alento na natureza. Sem dúvida, seria impossível contemplar essas questões sem refletir sobre as políticas de raça e classe. Seria impossível escrever sobre o passado do Kentucky sem trazer à luz sua história sombria de escravidão e a influência das políticas de dominação racial sobre os negros nos dias de hoje. Ao refletir sobre o racismo que continua a se manifestar no contexto da propriedade, escrevo sobre segregação na política de habitação, sobre o zoneamento econômico racializado. E, embora estes ensaios comecem tendo o Kentucky como pano de fundo, eles se estendem às políticas de raça e classe nos Estados Unidos como um todo.

De modo semelhante, os textos que abordam o meio ambiente e as questões de sustentabilidade vão muito além do Kentucky, destacando as formas de luta para restaurar o equilíbrio do planeta ao mudar nossa relação com a natureza e seus recursos. Analiso as conexões entre a autorreparação negra e a ecologia. Ao abordar a questão da remoção do topo da montanha, escrevo sobre a necessidade de criar um contexto social ético no qual os problemas dos moradores da cordilheira dos Apalaches sejam do interesse de todos os cidadãos. Escrevo aqui sobre família, fazendo um álbum textual no qual evoco os familiares que me criaram, que nutriram meu espírito.

Ao voltar para casa, abordo questões de regionalismo, explorando minha compreensão do que significa ser uma escritora do Kentucky. Esta coletânea de ensaios é concluída com a conversa entre mim e Wendell Berry, visionário escritor, poeta, ensaísta e crítico cultural do Kentucky. Descobri sua obra durante o primeiro ano da faculdade, longe de nosso estado natal. O que mais me empolgou em Wendell foi seu comprometimento definitivo com a poesia — naquela época, o foco da minha escrita. Em seus ensaios, ele também explorava uma variedade imensa de questões fundamentalmente radicais e ecléticas. Seguir os passos de Wendell era, desde o começo, um caminho que me levaria de volta ao meu lugar de origem, ao Kentucky. O tema da primeira aula que ministrei no Berea College foi a discussão de Wendell a respeito das políticas de raça em seu livro *The Hidden Wound* [A ferida escondida]. Em nossa conversa, refletimos sobre esse trabalho, sobre a vida dele e a minha e sobre a forma como nossos caminhos se cruzaram, apesar das diferenças de idade e raça.

No trajeto em direção à fazenda de Wendell em Port Royal, Kentucky, passei por belos celeiros que armazenam tabaco recém-colhido. Com base nessas imagens fiz uma breve reflexão sobre a planta do tabaco, também publicada nesta coletânea.

Ao nomear os traços que considera centrais para o Kentucky em *Appalachian Values* [Os valores apalaches], Loyal Jones enfatiza a importância da família ao comentar que "nosso pensamento se organiza em torno de indivíduos, nos lembramos daqueles que nos são familiares e temos menos interesse em abstrações e pessoas das quais apenas ouvimos falar". Naturalmente, muitos dos ensaios em *Pertencimento* começam com a família e os parentes mais próximos a mim, em especial os textos sobre criatividade, estética e processo imaginativo. Escrever sobre o passado faz com que corramos o risco de evocar uma nostalgia que se limita a olhar para trás com saudade e idealização. Localizar um espaço de autenticidade, de integridade, enquanto recordo o passado e me esforço para relacioná-lo a ideais e anseios do presente, tem sido crucial para o meu processo. Ao usar o passado como matéria-prima — o que me obriga a pensar de maneira crítica sobre meu lugar de origem, sobre ecologia e questões de sustentabilidade —, retorno diversas vezes às memórias familiares. Ao longo do processo de escrita destes ensaios, Rosa Bell, minha mãe, começou a perder a memória, encaminhando-se rapidamente para uma condição de esquecimento da qual não há mais volta. Testemunhar sua profunda e constante dor com essa perda me fez entender, mais uma vez, o quanto a memória é preciosa.

Nascemos e mantemos nossa existência no lugar da memória. Traçamos nossa vida por meio de tudo de que lembramos, do momento mais mundano ao mais majestoso. Conhecemos a nós mesmos por meio da arte e do ato de recordar. As memórias nos oferecem um mundo onde não há morte, onde somos sustentados pelos rituais de afeto e lembrança. Em *Pertencimento: uma cultura do lugar*, presto uma homenagem ao passado como um ponto de partida para que revisemos e renovemos nosso compromisso com o presente, com a criação de um mundo no qual todas as pessoas possam viver de forma plena e satisfatória, no qual todos tenham a sensação de pertencimento.

01.
o Kentucky é o
meu destino

Se alguém decide viver de maneira consciente, escolher o lugar onde vai morrer é tão importante quanto escolher onde e como viver. A decisão de voltar à terra e ao cenário da minha infância, o Kentucky no qual fui criada, me conforta por saber que eu poderia morrer aqui. É assim que imagino "o fim": fecho os olhos e vejo mãos segurando um recipiente de laca chinesa vermelha, subindo até o topo da colina no Kentucky — minha colina —, espalhando os meus restos como se fossem sementes, não cinzas, uma oferenda sobre a terra firme, vulnerável ao vento e à chuva — o que sobrou do meu corpo que se foi, meu ser modificado, falecido, rumo à eternidade. Imagino essa cena de adeus, e isso me alenta. Foi nas colinas do Kentucky que minha vida começou. Elas representam o lugar de expectativas e possibilidades, bem como o cenário de todos os meus medos, dos monstros que me perseguem e assombram meu sono. Ao percorrer livremente as colinas do Kentucky durante a infância, fugindo de cobras e de todos os perigos exteriores proibidos, tanto reais quanto imaginários, aprendi a estar segura com o conhecimento de que enfrentar o que temo e superá-lo me manterá protegida. Munida dessa certeza, criei uma confiança extraordinária no poder da natureza de seduzir, entusiasmar, encantar e alentar.

A natureza era verdadeiramente um santuário, um refúgio, um lugar de cura para as feridas. Para atender ao chamado de me unir à natureza, retornei ao único estado em que eu havia conhecido uma cultura de pertencimento. Minha vida no Kentucky, minha vida de menina, é dividida por linhas nítidas que demarcam o antes e o depois. O antes é a vida isolada e familiar nas colinas do Kentucky, uma vida na qual as demarcações de raça, classe e gênero não importavam. O que importava era a linha que separava o interior e a cidade — a natureza importava. Minha vida na natureza era o Antes, e a vida na cidade, onde o dinheiro e o status determinavam tudo, era o Depois. No interior, a classe à qual pertencíamos não tinha importância. Na minha casa, éramos rodeados por colinas. Somente a janela da frente dava para uma estrada solitária construída por homens que procuravam petróleo; todas as outras janelas davam para as colinas. Na minha infância, a estrada que mal tinha movimento não era interessante. As colinas na parte de trás de nossa casa eram o lugar da magia e das possibilidades, uma fronteira verde exuberante, onde nada produzido pelo homem poderia nos alcançar, onde poderíamos sair livres à procura de aventura.

Quando deixamos as colinas para nos estabelecer na cidade, onde supostamente as escolas eram melhores e onde poderíamos frequentar a imponente Igreja Batista da Virginia Street (tudo o que — diziam — nos tornaria melhores, nos possibilitaria ser alguém), passei pela primeira perda devastadora, minha primeira grande tristeza. Eu queria permanecer naquelas colinas isoladas. Ansiava pela liberdade. Esse desejo ficou gravado em minha consciência por meio das colinas que pareciam decretar que todo o deleite da vida estaria na busca por liberdade. As pessoas que vivem nas colinas do Kentucky valorizam a independência e a autoconfiança mais do que quaisquer outras características.

Como o meu senso inicial de identidade foi forjado na vida anárquica das colinas, eu não me identificava como uma cidadã do Kentucky. A tão difundida segregação racial, a exploração e a opressão exercidas por brancos contra negros, tudo isso machucava meu já ferido coração. A natureza era um refúgio, um lugar para escapar do mundo das construções humanas de raça e identidade. Ao vivermos isolados nas colinas, quase não tínhamos contato com o mundo da cultura dominante branca. Longe das colinas, a cultura dominante e a influência dela sobre nossa vida eram constantes. À época, todos os negros sabiam que o Estado supremacista branco, com todo o seu poder, não se importava com o bem-estar deles. Nas colinas, aprendemos a nos cuidar por meio do cultivo de plantações, da criação de animais, da vida em sintonia com a terra. Nas colinas, aprendemos a ser autoconfiantes.

A natureza era a base de nossa subcultura negra contra-hegemônica. A natureza era o lugar da vitória. No ambiente natural, tudo tinha o seu lugar, inclusive os humanos. Tudo era moldado pela realidade do mistério. Ali, a cultura dominante (o sistema do patriarcado supremacista branco capitalista imperialista) não poderia exercer o poder absoluto. Porque naquele mundo a natureza era mais poderosa. Nada nem ninguém poderia controlá-la por completo. Na infância, experimentei a conexão entre um mundo natural intocado e o desejo humano por liberdade.

As pessoas que viviam nas colinas tinham por objetivo viver em liberdade. O camponês escolhia viver acima da lei, acreditando no direito de cada indivíduo de determinar como levar a vida. Estar em meio ao povo das montanhas do Kentucky foi minha primeira experiência com uma cultura fundamentada na anarquia. Aquelas pessoas acreditavam que liberdade significa autodeterminação. Podiam viver com menos e habitar uma cabana improvisada e, ainda assim, se sentir empoderadas, pois os hábitos cotidianos seguiam os valores e as crenças de cada um. Nas colinas, os indivíduos sentiam que tinham controle sobre a própria vida, estabeleciam as próprias regras.

Longe do campo, na cidade, as regras eram feitas por desconhecidos, eram impostas e aplicadas. Nas colinas da minha infância, pessoas brancas e negras viviam em um ambiente integrado, com divisões mais determinadas por escolhas territoriais do que por raça. A noção de "propriedade privada" era estranha; as colinas pertenciam a todos, ou pelo menos era o que eu sentia quando criança. Naquelas colinas, não havia lugar onde eu não pudesse passear, não havia lugar para onde não pudesse ir.

Na cidade, aprendi a profundidade da subordinação imposta por brancos sobre os negros. Embora não ficássemos restritos a guetos, as pessoas negras eram forçadas a viver em espaços limitados da cidade que não eram formalmente demarcados, mas determinados pela violência da supremacia branca contra negros que ultrapassassem esses limites. Nossos bairros negros segregados eram divididos em zonas, formados separadamente. Às vezes, as casas de pessoas brancas pobres e carentes eram aglomeradas no mesmo lugar. Nenhum desses grupos vivia próximo do real poder e do privilégio branco que governavam nossa vida.

Na escola pública da cidade, ensinavam-nos que o Kentucky era um estado fronteiriço,[2] um estado que não assumia uma posição sobre a questão da supremacia branca, da escravidão e da dominação continuada de negros por brancos poderosos. Na escola, ensinavam-nos a acreditar que o Kentucky não era como os estados do Sul profundo.[3] Não importava o fato de que a segregação imposta pela violência moldava essas instituições de ensino, de que as escolas levavam as crianças em visitas regulares ao monumento de Jefferson Davis,[4] a lugares onde a confederação e a bandeira dos estados confederados eram exaltadas. Para os negros, parecia estranho que os brancos em posição de poder do Kentucky agissem como se uma agressiva supremacia branca não existisse no estado "deles". Víamos pouca diferença entre a exploração e a opressão dos negros no Kentucky e a vida dos negros em outras partes do Sul, como Alabama, Mississippi e Geórgia. Quando me formei no ensino médio, minha vontade de deixar o Kentucky se intensificou. Eu queria deixar o violento apartheid racial que dominava a vida das pessoas negras. Queria encontrar um lugar de liberdade.

---

2 Durante a Guerra de Secessão (1861-1865), o Kentucky foi considerado um dos *border states*, ou seja, os estados que tinham a escravidão como um de seus pilares econômicos, mas não abandonaram a União (de viés abolicionista). Hoje, a expressão se refere à contraposição de aspectos geográficos, culturais e políticos desses estados: apesar de não estarem localizados geograficamente no sul dos Estados Unidos, apresentam maior afinidade cultural e política com os sulistas do que com os nortistas. [N.E.]
3 *Deep South*, em inglês. Trata-se da região cultural e geográfica dos Estados Unidos composta por estados localizados no sudeste do país. [N.E.]
4 Presidente dos Estados Confederados da América durante o período da Guerra de Secessão (1861-1865). [N.E.]

Ainda assim, foi minha fuga do Kentucky, minha viagem até a Costa Oeste, até a Califórnia, que revelou quanto minha razão e minha sensibilidade tinham sido profundamente influenciadas pela geografia do lugar. No ano em que comecei a faculdade na Universidade Stanford, havia poucos estudantes do Kentucky. Eu, com certeza, era a única estudante negra de lá. E os costumes sociais predominantes do racismo indicavam que os brancos do Kentucky não desejavam minha companhia. Foi durante o primeiro ano em Stanford que percebi os estereótipos sobre o Kentucky vigentes fora da nossa região. Poucas pessoas na faculdade sabiam alguma coisa sobre a vida no Kentucky. Em geral, quando me indagavam qual era o meu estado natal, minha resposta era recebida com risadas. Ou então com a pergunta: "Kentucky... onde fica isso?".

Vez ou outra, nos anos da faculdade, conheci colegas sinceramente interessados em saber como era a vida no Kentucky. Eu contava sobre a natureza local, sobre a exuberância da paisagem, sobre a cachoeira no Blue Lake onde brincava quando criança. Eu falava sobre as cavernas e as trilhas deixadas pelos cherokees deslocados de suas terras. Contava sobre um apalache que era negro e branco, descrevia o aspecto sombreado que a poeira de carvão produzia no corpo de homens negros que voltavam para casa do trabalho nas minas. Falava sobre os campos de tabaco, sobre os cavalos que fazem da região *bluegrass*[5] do Kentucky uma terra de encantamento. Falava com orgulho dos jóqueis negros que se destacavam nos eventos de corrida

---

[5] Região do Kentucky conhecida pelo capim rico em nutrientes e pelo solo fértil. Alimentados com esse capim, os cavalos da região crescem fortes e ganham prêmios em corridas por todo o país. [N.E.]

de cavalos antes de supremacistas brancos capitalistas imperialistas imporem regras rígidas de segregação racial, forçando os negros aos bastidores da cultura equestre do Kentucky.

A segregação de negros, em especial de jóqueis negros, no mundo da cultura equestre da região andava de mãos dadas com a ascensão do pensamento supremacista branco. Para nós, isso significou viver uma cultura de medo sob a qual aprendemos a temer a terra e os animais, a temer a boca ruminante úmida dos cavalos que pessoas negras raramente voltariam a montar. Essa separação da natureza e o medo que dela decorreu, o medo da natureza e o medo da branquitude são o trauma que moldou a vida do negro. Em nossa psico--história — ou seja, a cultura do povo negro do Sul que viveu durante a época de duro apartheid racial tolerado de forma legal —, a face do terror sempre será branca. E os símbolos dessa branquitude sempre vão desencadear medo. A bandeira dos estados confederados, por exemplo, nunca representará um legado para os negros; ela ainda desperta medo no imaginário dos negros idosos, para os quais simboliza o apoio ao ataque racista branco contra a negritude.

Os brancos que mascaram seu negacionismo da supremacia branca ao esbravejar lemas como "Herança, não ódio" para sustentar a continuação de sua fidelidade à bandeira confederada não veem que a recusa em reconhecer o que essa "herança" significa para os negros é, em si, uma expressão de poder e privilégio racistas. Porque a bandeira dos estados confederados é um símbolo tanto da herança quanto do ódio. A história dos estados confederados sempre suscitará a memória da opressão contra negros por brancos com bandeiras, armas de fogo, incêndios e nós de força — todos são símbolos de ódio. E, embora muitos cidadãos brancos pobres e vulneráveis do Kentucky, os mesmos que lutam para encontrar um caminho no campo minado do poder branco capitalista, imitem essas ações e reivindiquem essa história de poder colonial, eles nunca vão, de fato, gozar do poder e do privilégio da branquitude capitalista. Eles podem até abraçar esse símbolo para se conectar a um mundo e a um passado que lhes negaram humanidade, mas isso nunca vai mudar a realidade da dominação à qual estão submetidos, exercida pelas mesmas forças da hegemonia supremacista branca.

Por ter crescido em meio à cultura do Kentucky, que enaltecia o aspecto racista do passado dos estados confederados e muito tentou obscurecer e apagar a história dos cidadãos negros, para mim era impossível encontrar um lugar nessa herança. Apesar de tudo, hoje consigo ver que existiam duas culturas opostas no Kentucky: o mundo do poder capitalista supremacista branco hegemônico e o mundo da anarquia provocadora que defendia a liberdade para todos. E o fato de tal cultura de anarquia apresentar nítidas dimensões antirracistas deve-se à cultura única e pouco reconhecida dos negros apalaches. É a essa cultura que Loyal Jones se refere no livro *Appalachian Values*, ao dizer:

> Muitos habitantes das montanhas no Sul mais profundo, como no Alabama e na Geórgia, eram contra a escravidão e lutaram ao lado da União na Guerra Civil, e, embora a legislação da Reconstrução tenha imposto leis contra os negros, nos preparando assim para a segregação, os apalaches, em sua maioria, não foram oprimidos com os mesmos preconceitos raciais sofridos pelos outros cidadãos do Sul.

Embora eu tenha passado minha primeira infância rodeada de pessoas brancas das montanhas que não demonstravam racismo evidente, e apesar de esse mundo de integração racial nas colinas do Kentucky ter feito parte da minha criação, influenciando minha razão e minha sensibilidade, nossa mudança dessa cultura para o mundo hegemônico e seus valores fez com que a supremacia branca moldasse a natureza de nossa vida. Foi essa herança de ameaça e ódio racial que engendrou em mim o desejo de deixar o Kentucky e nunca mais voltar. Quando saí do Kentucky, achei que não mais sentiria o terror da branquitude. Esse medo, porém, me acompanhou. Longe do meu lugar de origem, aprendi a reconhecer as diversas faces do racismo, do preconceito racial e do ódio, a natureza mutável da supremacia branca. Durante o primeiro ano em Stanford, senti pela primeira vez como as origens geográficas podiam separar cidadãos de uma mesma nação. Eu não me sentia pertencente à universidade; sempre me achava uma intrusa indesejada. Assim como eu encontrava consolo na natureza do Kentucky, foi no ambiente natural, nas árvores, na grama, nas plantas, no céu de Palo Alto, na Califórnia, que encontrei conforto. O solo da Califórnia permitia que minhas mãos tocassem uma terra bem diferente do solo vermelho e marrom úmido do Kentucky: isso me fascinava. Fiquei deslumbrada quando me dei conta de que o chão sob meus pés mudava só de viajar alguns quilômetros para longe da minha terra natal. Mas não fazia sentido para mim estar diante da terra nesse lugar estranho se ela não era um espelho no qual eu via refletido o mundo dos meus ancestrais, o cenário dos meus sonhos. Como esse lugar poderia me manter de pé, me dar a certeza de que o solo do meu ser era sólido?

Ansiosa pela experiência de uma vida intelectual no mundo acadêmico, ingressei em um ambiente fundamentado nos princípios da incerteza, um mundo oportunista que muda quando convém. Desejei muito voltar à minha terra natal, onde existia uma contundente relutância a aceitar mudanças. O Kentucky é um dos estados de nossa nação conhecidos pela rejeição teimosa ao que é novo. Antigamente, muitos cidadãos do Kentucky desejavam que tudo fosse passado de geração a geração, sem alterações. Essa repulsa à mudança ficou mais evidente nas relações raciais. Os brancos do Kentucky mantiveram a segregação racial como norma muito tempo depois que outros estados já tinham feito grandes progressos em direção aos direitos civis.

Os brancos conservadores do Kentucky diziam a si mesmos: "Os negros não querem mudar — eles gostam do jeito como as coisas estão". Ao reduzirem os negros a um estado de impotência traumática, os brancos racistas não viam problema no terrorismo racial que estabeleceram, o que os levou a acreditar que conheciam a mente e o coração dos negros, que poderiam ser donos de nossos desejos. Os esforços dos brancos conservadores do Kentucky para explorar e oprimir os negros condiziam com os esforços para apagar e destruir a sensibilidade rebelde dos brancos que habitavam as montanhas. O espírito anarquista que emergiu na cultura dos camponeses brancos era uma ameaça ao estado supremacista branco capitalista imperialista tanto quanto a noção de igualdade e integração racial. Assim, essa cultura, tal como os hábitos característicos dos negros da zona rural, tinha de ser rompida e, por fim, destruída.

Ao sair do Kentucky, fugindo da psico-história de impotência traumática, levei comigo o entendimento positivo, aprendido com as subculturas da minha terra natal (os povos das montanhas, os camponeses, os apalaches), do que significa conhecer uma cultura de pertencimento, esse legado cultural passado a mim por meus ancestrais. No livro *Rebalancing the World* [Reequilibrando o mundo], Carol Lee Flinders define a cultura de pertencimento como aquela na qual existe uma

> íntima conexão com a terra à qual se pertence, uma relação empática com os animais, autocontrole, responsabilidade ambiental, deliberação consciente, equilíbrio, expressividade, generosidade, igualitarismo, mutualidade, afinidade com modos alternativos de conhecimento, ludicidade, inclusão, resolução não violenta de conflitos e mente aberta.

Todas essas formas de pertencimento foram ensinadas a mim na primeira infância, mas esse repertório ficou encoberto pela informação tendenciosa recebida da cultura dominante. Ainda assim, tornou-se o conhecimento subjugado que serviu de combustível para meu radicalismo depois de adulta.

Ao viver longe da minha terra natal, tornei-me uma cidadã do Kentucky mais consciente do que quando morava lá. Isto é o que a experiência do exílio causa: muda a mente, transforma de maneira profunda a percepção de alguém sobre seu lugar de origem. As diferenças que a localização geográfica imprimiu em minha psique e em meus hábitos se tornaram mais evidentes longe de casa. No Kentucky, ninguém achava que eu tinha sotaque; na Califórnia, o vernáculo suave do negro sulista que fazia parte do nosso falar diário me tornou objeto de uma atenção indesejada. Em pouco tempo aprendi a mudar minha maneira de falar, a manter os sons e as cadências do Kentucky em segredo, uma voz íntima para ser ouvida somente por pessoas que pudessem entendê-la. Não usar a língua dos meus ancestrais foi uma forma de silenciar as chacotas sobre o Kentucky, de evitar ser subjugada pelas hierarquias geográficas que consideravam minha terra natal ultrapassada, um lugar que não acompanhou o tempo. Durante meus anos de faculdade, aprendi mais sobre o Kentucky ao dispor, lado a lado, a imagem da paisagem que eu conhecia intimamente e a visão estereotipada que as pessoas de fora tinham desse mundo.

Talvez a maior sensação de deslocamento nesse novo ambiente acadêmico liberal tenha vindo da ausência total, entre professores e colegas, de uma crença declaradamente expressa no cristianismo e em Deus. De fato, naquele tempo era mais charmoso se declarar agnóstico ou ateu do que falar sobre alguma crença divina. Vinda de um ambiente em que as pessoas carregavam a Bíblia para todo lugar, em que as escrituras eram citadas em todas as conversas cotidianas, eu carecia dos recursos psicológicos e do conhecimento para agir de forma assertiva em um contexto em que ter fé espiritual era motivo de desdém tanto quanto ser do Sul. No dormitório em que eu morava, o único estudante que lia publicamente as escrituras, um rapaz branco e quieto de família mórmon, ficava a maior parte do tempo sozinho e isolado. Costumávamos conversar, em um esforço para fazer com que o outro se sentisse menos estranho em um lugar estranho. Falávamos sobre as escrituras. Mas nem isso tinha poder suficiente para apagar as barreiras criadas pelo racismo — que nos ensinaram a temer as diferenças e desconfiar delas. E, embora no campus houvesse grupos organizados de cristãos, eles não usavam a linguagem religiosa com a qual eu estava acostumada.

No fim do segundo ano de faculdade, comecei a questionar as crenças religiosas da minha família, a forma de religião que havia aprendido em casa. No ambiente espiritual *new age* da Califórnia, eu me moldei a uma espiritualidade que fez sentido para a minha mente e o meu coração. Vivia minha fé de um jeito que estava em sintonia com o espírito divino que havia conhecido nas colinas do Kentucky na minha infância. Enquanto crescia, enfrentei um dilema entre o fundamentalismo religioso daqueles que seguiam a doutrina e os preceitos da igreja como instituição e a espiritualidade mística de êxtase em adoração à natureza. Durante todos os anos da faculdade, até mesmo quando minha alma sofria com a dúvida, eu me agarrei à fé centrada no poder do espírito divino.

Foi na faculdade que comecei a sentir a cisão entre mente e coração, algo que marcou minha vida em todos os lugares onde morei: Califórnia, Wisconsin, Connecticut, Ohio, Nova York. No fundo, eu me via como uma menina do interior, um excêntrico produto da razão e da sensibilidade do Kentucky rústico; ainda assim, vivia cercada de diferentes etnias, valores e crenças. Minha vida fora do Kentucky era repleta de contradições. As questões de honestidade e integridade que haviam dado clareza e simplicidade à minha criação não se adaptavam facilmente ao mundo acadêmico e literário que eu escolhera para mim. Com o tempo, a divisão mental que havia se tornado minha paisagem psíquica começou a se resolver. À medida que obtinha maior reconhecimento como intelectual e escritora, sentia que estava sempre colaborando para dar visibilidade e significado às minhas verdades centrais em um mundo onde os valores e as crenças que escolhi como fundamento de vida não tinham significado. Apesar de tudo, não era possível voltar para casa. O "eu" que inventei nesses outros círculos sociais parecia não convencional demais para o Kentucky, cosmopolita demais.

O que acontecia comigo era comum a outros escritores, em especial sulistas, que tinham permanecido longe da terra natal, que viviam em um estado de exílio mental; a condição de se sentir dividido era prejudicial, causava um colapso no espírito. A cura era, para mim, lembrar quem eu sou, reunir os pedaços da minha história e reconectá-los. Ao recordar minha infância e escrever sobre o início da minha vida, eu estava mapeando o território, descobrindo a mim mesma e procurando um lar — enxergando, de maneira clara, que o Kentucky era o meu destino.

A intensa melancolia suicida que arrebatou meu espírito quando jovem, em parte como resposta à minha partida das colinas, minha partida de um mundo de liberdade, não me deixou. Ela me seguiu por todos os lugares. E a dor tão conhecida que me mantinha acordada durante a noite, chorando, esperando, se tornou presente aonde quer que eu fosse, trazendo com ela a experiência da impotência traumática. Os pesadelos que estavam lá no Kentucky, os cavalos selvagens dos meus sonhos, que me perturbavam e tiravam meu sono, me seguiam. A incapacidade de dormir, que foi uma constante na minha juventude, se tornou mais grave quanto mais eu me afastava do lugar onde cresci. Muitas vezes, longe do Kentucky, fiquei em quartos mergulhados na escuridão, imaginando como poderia criar meu próprio lar. Ainda assim, todos os meus esforços de recomeçar sempre me levavam para o passado, fazendo dele um alicerce para o presente.

Quando estava em dúvida sobre a direção que minha vida seguiria, eu me imaginava como uma cineasta no processo de criação de um filme autobiográfico chamado *O Kentucky é o Meu Destino*. As primeiras cenas seriam todas imagens da natureza, dos campos de tabaco, das fazendas de tabaco, dos celeiros de tabaco. Meu papel nessa narrativa era de observadora: Baba, minha avó materna, trançando folhas de tabaco, preparando-as para serem penduradas e colocadas em armários e baús a fim de afastar traças e outros insetos que danificam roupas. Muito desse filme imaginário focaliza os anciões da minha família, cuja presença dominou minha infância.

Ao sair da minha terra natal pela primeira vez, levei comigo dois artefatos emblemáticos da minha formação: folhas de tabaco trançadas e a colcha de retalhos que Baba me deu quando eu era pequena. Esses dois objetos me ajudavam a lembrar da minha origem e da minha essência. Eles permanecem entre mim e a loucura do exílio, da desolação. Estão presentes em minha nova vida para me proteger da morte, para me lembrar de que sempre posso voltar para casa. Cada ano da minha vida em que visitava minha família era um rito de passagem para garantir a mim mesma que ainda pertencia àquele lugar, que eu não havia mudado tanto a ponto de não poder mais regressar. Minhas visitas quase sempre me deixavam despedaçada: queria ficar, mas precisava partir, para continuar fugindo de casa.

A loucura era mais aceitável longe do lar. Nas faculdades majoritariamente brancas pelas quais passei, era plausível que os estudantes se sentissem atormentados por terem abandonado o ambiente que conheciam, que pudessem se sentir alienados, forasteiros, que de fato pudéssemos ficar desequilibrados. A terapia, eu soube então, era a melhor forma de enfrentar feridas psicológicas, a melhor forma de cura. Uma das minhas irmãs mais novas me perguntou recentemente: "Como você soube que precisava de ajuda?". Respondi: "Sabia que não estava em meu estado normal. Sabia que não era normal querer me matar". Desejos suicidas extremamente melancólicos me levaram para a terapia, mas naqueles anos iniciais a terapia não ajudou. Eu não conseguia encontrar um terapeuta que reconhecesse o poder da localização geográfica, das impressões ancestrais, da identidade racializada. Parecia que a maioria das pessoas baseava sua percepção sobre o Kentucky na comédia *A Família Buscapé*,[6] até mesmo os terapeutas. É claro que nos primeiros anos de faculdade eu carecia de um vocabulário adequado para dar nome a tudo que me moldou e me formou.

Mesmo quando senti que a terapia não estava ajudando, não perdi a convicção de que precisava me cuidar, de que a cura poderia vir da compreensão do passado e da conexão dele com o presente. Baba sempre me perguntava: "Como você consegue viver tão longe do seu povo?". Eu sempre sentia que essa pergunta vinha carregada de reprimenda, da sutil insistência de que eu havia sido desleal e traído meu legado ancestral ao sair de casa. A pergunta que fazia a mim mesma era: "Se o Kentucky significa tanto para mim, por que não consigo voltar para lá e me estabelecer?". Lá pelos vinte anos, comecei a construir um mapa narrativo do passado, anotar as experiências da infância impressas em mim de maneira definitiva. Comecei com uma lista — pensando o tempo todo nas histórias que contamos quando acabamos de conhecer alguém. Estava claro para mim que eu havia compartilhado muitas e muitas vezes as mesmas

---

[6] Em inglês, *The Beverly Hillbillies*. Série de comédia estadunidense exibida entre 1962 e 1971. O título em português é do filme, lançado no Brasil em 1993, adaptado da série. [N.T.]

histórias que considerava significativas. Eu tinha certeza de que colocar essas memórias no papel e organizá-las me ajudaria a reordenar a vida. Ao criar um relato sobre o meu "eu", tinha certeza de que poderia tomar distância e ver a mim mesma de uma nova maneira, não mais fragmentada: inteira, completa. Escrever sobre meu tempo de menina ajudou. Foi como um novo solo no qual podia me manter de pé. Reuni essas memórias e as publiquei no livro *Bone Black*. Com estilo e tom poéticos, um tanto abstratos, leio e ouço os relatos da minha infância como se a voz narrativa estivesse em transe, em um estado do qual é tirada de uma só vez, mas ainda presente. Grande parte da minha vida fora do Kentucky foi vivida em um estado de transe, como se, a um só tempo, eu estivesse e não estivesse lá. A busca pela cura, por uma forma de me sentir inteira, foi um processo de despertar, de sair do transe em direção à realidade, de aprender a estar presente por inteiro. Sair de casa suscitou o sentimento extremo de abandono e perda. Foi como morrer. Ressuscitar as memórias do meu lar, juntando os pedaços, foi um passo para trás que me permitiu seguir em frente. Todo o torpor era uma defesa contra os terrores da infância. Quando saí de casa, levei comigo os traumas não resolvidos. Ao carregar comigo as vozes dos meus ancestrais para todo lugar que acreditava ser o meu lar, eu trazia a dor e permitia que ela me devastasse. A sensação de ser devastada é como girar no mesmo lugar.

 Longe do Kentucky, meu coração estava girando, e só quando parava é que eu conseguia enxergar tudo com clareza e ficar bem. Inicialmente, essa clareza não me reconduzia ao Kentucky. Se eu voltasse para o Kentucky, temia me sentir destruída, reviver os gatilhos emocionais que perturbam e fragmentam. Eu poderia ser uma cidadã exemplar do Kentucky longe de lá. Considerando que minha terra natal era sem dúvida o lugar e a origem da disfunção profunda que prejudicou meu espírito, eu não acreditava que poderia me sentir segura ali. Conseguia enxergar a conexão entre a disfunção no âmbito familiar e a disfunção pública sancionada pelo estado do Kentucky. Em *Healing Together* [Buscando a cura juntos], Wayne Kritsberg dá uma útil definição de disfunção:

> Uma família disfuncional é uma família consistentemente incapaz de oferecer um ambiente seguro de estímulo. Através de seu comportamento pouco adaptativo, a família desenvolve um conjunto de restrições que inibem o crescimento social e emocional de seus membros, em especial das crianças. Uma família saudável, ao contrário, fornece segurança e estímulo a seus membros e os auxilia em seu desenvolvimento ao estabelecer limites firmes, porém sensatos, em vez de impor restrições rígidas.

O poder patriarcal cristão fundamentalista que determinou a esfera pública do Estado em minha terra natal se refletia na estrutura da minha vida doméstica e nos valores de minha família. Ao mesmo tempo, a supremacia branca moldou o psicológico de negros e brancos, reprimindo-os e corrompendo-os.

Criar conexões entre a localização geográfica e os estados psicológicos foi bem útil para mim, pois me permitiu reconhecer o grave aspecto disfuncional do ambiente sulista no qual fui criada, as formas como o racismo internalizado afetou nossa inteligência emocional, o âmbito emocional como um todo, ao mesmo tempo que revelou os aspectos positivos da minha criação, as estratégias de resistência que melhoraram nossa vida.

Sem dúvida, o separatismo racial, combinado com a oposição ao racismo e à supremacia branca, empoderou negros inconformados que criaram uma subcultura com base em valores inversos. Esses valores opostos impressos na minha psique na primeira infância desenvolveram em mim um senso de sobrevivência e resistência do qual eu me valia quando voltava para casa e quando sentia o espírito se inquietar por estar longe dali. Os hábitos opositores de vida que aprendi na infância forjaram um vínculo com a minha terra natal que não poderia ser rompido.

Durante minha infância e adolescência, os negros e os brancos desertores que enxergavam o campo, o ambiente natural, como um espaço afastado das construções humanas, da cultura dominante, eram capazes de desenvolver hábitos singulares de pensar e ser que faziam parte da resistência contra o *status quo*. Esse espírito vem muito da história originária do Kentucky, da maneira como os colonizadores brancos perceberam essa disposição como uma natureza selvagem verdadeiramente intocada que resistiria a ser domada pelas forças do capitalismo supremacista branco imperialista. Embora as forças do patriarcado capitalista supremacista branco imperialista tenham de fato subordinado a terra a seus interesses predatórios, isso não criou um sistema fechado; indivíduos negros e brancos do Kentucky conseguiram criar uma subcultura, geralmente em vales, colinas e montanhas, governada por crenças e valores contrários aos da cultura dominante. O pensamento livre e o não conformismo estimulados no campo eram uma ameaça ao patriarcado capitalista supremacista branco imperialista — por isso a necessidade de enfraquecer essas subculturas, criando a concepção de que as pessoas do campo eram ignorantes, estúpidas, inaptas, ingovernáveis. Com a desumanização dos camponeses, o espírito anarquista que empoderou os pobres a escolher um estilo de vida diferente do padrão da suposta "sociedade civilizada" poderia ser aniquilado — ou, se não totalmente aniquilado, colocado sob suspeita ou criminalizado. Esse espírito de resistência e revolução que tem sido alimentado em mim pelas gerações de negros do Kentucky que escolheram a autoconfiança e a autodeterminação em vez da subordinação a qualquer governo foi o catalisador da minha luta pessoal por autodefinição. No centro dessa cultura contestadora e de resistência havia uma insistência para que fôssemos pessoas dignas e de valor. Reconhecer o valor de alguém significava que esse alguém escolheu ser uma pessoa íntegra, de palavra. Na minha juventude, os anciões da família, muitos deles sem educação formal ou conhecimentos básicos de leitura e escrita, me ensinaram que, para ser uma pessoa íntegra, era necessário sempre falar a verdade e assumir a responsabilidade por suas ações. Em particular, Baba me ensinou que esses valores devem fundamentar minha existência, não importa o local ou o país em que eu decida ficar. Para viver esses valores, segundo ela, eu deveria aprender a ser corajosa — a ter a coragem de assumir minhas convicções, de cometer erros e repará-los, a coragem de me posicionar.

Olhando para trás, com frequência eu me pergunto se essa insistência em dizer que eu deveria sempre me comprometer com a verdade, ser uma mulher de palavra, uma mulher íntegra, foi o que me impediu de me sentir em casa longe da minha terra natal, longe do meu povo. Ao tentar viver com integridade, foi difícil me ver feliz longe de casa e da paisagem da minha criação. E, à medida que os anciões da minha família começaram a partir deste plano — eles, que transmitiram com generosidade histórias, conhecimentos e condutas para fazer com que eu e meus iguais vivêssemos bem, de forma mais plena —, era só uma questão de tempo até que eu recorresse às lembranças para carregar esse legado metafísico para o presente. Entre as pessoas iletradas do campo, aprendi valores e normas éticas que norteiam minha vida. E essas normas não significam muito no mundo além das pequenas comunidades negras do Kentucky que conheço desde sempre. Se crescer em uma família extremamente disfuncional me deixou "desequilibrada", sobreviver e estabelecer um lar longe da minha terra natal me permitiu perceber o que eu tinha aprendido de positivo na minha criação. Dos lugares onde morei, o Kentucky é o único em que os anciões ensinam seus valores, aceitam a excentricidade, mostram pelo exemplo que chegar à autorrealização completa é a única forma de cura real. Eles me revelaram que os tesouros que eu estava procurando já eram meus. A ânsia de pertencer, de encontrar uma cultura do lugar, toda essa busca de cidade em cidade por uma comunidade de pessoas parecidas comigo, já tinha seu fim marcado no Kentucky, esperando que eu me lembrasse daquele lugar e o reivindicasse. Longe do meu estado natal, eu estava entre pessoas que me enxergavam como alguém apegada a valores ultrapassados, que sentiam pena de mim porque eu não sabia aproveitar as oportunidades ou entrar no jogo que me ajudaria a ser bem-sucedida.

Eu me recordo dessa tensão entre desejos conflitantes quando leio a peça de Lorraine Hansberry *O sol tornará a brilhar*.[1] Na obra, ela dramatiza os conflitos que surgem quando os valores do per-

---

[1] Em inglês, *A Raisin in the Sun*, que estreou na Broadway em 1959. O título em português é do filme adaptado da peça, lançado em 1961. [N.E.]

tencimento e os costumes antigos colidem com os valores do mundo dos negócios e do oportunismo de carreira. Triste com o fato de o filho querer pegar o dinheiro do seguro recebido com a morte do marido, a personagem Mama questiona: "Desde quando o dinheiro se tornou vida?". Walter Lee responde: "Sempre foi, Mama. A gente só não sabia disso". Sem dúvida, esse conflito de valores foi sentido por muitos negros que fugiram do Sul rural para se libertar da exploração e da opressão racistas, ao imaginar que talvez não conseguissem encontrar um lugar no Norte industrializado. Abandonar o passado na zona rural significava abandonar culturas de pertencimento e de comunidade baseadas no compartilhamento de recursos em favor de uma cultura de individualismo liberal. Há pouquíssimos estudos publicados sobre a ligação entre o transtorno psicológico enfrentado pelos negros e as demandas geradas por mudanças geográficas tão significativas.

Quando saí do Kentucky, com seus valores ultrapassados sobre como alguém deveria se relacionar com o mundo, eu me senti massacrada pela falta de integridade que encontrei longe de casa. Muitas pessoas zombavam da importância de ser honesta, de ser uma pessoa de palavra. Essa falta de integridade me pareceu ainda mais intensa quando me mudei para Nova York a fim de seguir a carreira de escritora. Durante os anos longe da minha terra natal, muitas vezes me senti confusa e desesperada. Minha criação cristã fundamentalista me ensinou a enxergar o pecado como um fracasso. Nesses momentos, eu sentia que falhava por não conseguir viver de acordo com os valores centrais que, na minha opinião, eram o alicerce da minha identidade. Sofri psicologicamente para reparar os danos à minha alma infligidos por minhas ofensas e pelas ofensas de outros contra mim.

Depois de me tornar uma crítica cultural e escritora bem-sucedida, eu ficava bastante espantada quando leitores e críticos que escreviam sobre meu trabalho não mencionavam quanto a cultura do lugar que conheci no Kentucky havia forjado minha escrita e minha visão. Surpresa pelo fato de o mundo literário não reconhecer a importância das minhas raízes no Kentucky, senti uma grande necessidade de articular o papel do lugar de origem na minha visão artística. Muitos críticos falavam sobre minhas raízes sulistas, sem nunca mencionar o local específico dessas raízes. De certa forma, o fato de não especificarem o Kentucky tinha a ver com a seguinte dúvida: o Kentucky fazia ou não fazia parte do "Sul"? Eu contava às pessoas que crescer sendo negro no Kentucky não era tão diferente do que em outros lugares mais ao sul, como Alabama e Geórgia. Talvez a cultura da branquitude no Kentucky tenha características que não sejam consideradas tipicamente sulistas, mas com certeza as subculturas que pessoas negras criaram — e criam — se originam da compreensão do que é ser negro no Sul. Porque, apesar de o Kentucky ser um estado fronteiriço, a cultura da escravidão, do apartheid racial, sempre prevaleceu, ao contrário de outros lugares da região em que se defendia com firmeza o acesso de todos aos direitos civis. Ainda que as memórias biográficas e autobiográficas de negros do Kentucky mostrem um mundo dominado pelas forças feudais do capitalismo supremacista branco imperialista, elas também contam as formas criativas das quais os negros se valiam para sobreviver e prosperar em meio à exploração e à opressão.

    Durante os mais de trinta anos em que morei fora do Kentucky, muito do que eu não aprovava na vida de lá (a exploração e a opressão racistas que permanecem desde os tempos de escravidão, a negação de direitos aos pobres e camponeses, o ataque implacável contra a natureza) foi rapidamente se tornando a norma em qualquer lugar. Por toda a nossa nação, a desumanização dos pobres, a destruição da natureza em favor do desenvolvimento capitalista, a negação de direitos às pessoas de cor[8] (em especial aos afro-estadunidenses) e o ressurgimento da supremacia branca e da cultura de plantation[9] têm se tornado práticas sociais aceitáveis. Ainda assim, ao voltar ao meu estado de origem durante todos esses anos, encontrei os remanescentes essenciais de uma cultura de pertencimento, um senso de significado e vitalidade do lugar geográfico.

Nenhum dos aspectos positivos da cultura de pertencimento oferecidos pelo Kentucky existia em outros lugares. E talvez tivesse sido mais difícil voltar à minha terra natal se eu não tivesse me esforçado em manter e fortalecer de forma consistente os laços familiares, mesmo morando longe. O último lugar onde morei por mais tempo antes de voltar para o Kentucky foi Nova York. Se alguém tivesse me dito quando eu era jovem que um dia moraria em Manhattan, teria respondido: "Até parece, nunca vai acontecer — sou uma garota do campo dos pés à cabeça". Ao mesmo tempo, se tivessem me dito que eu voltaria para o Kentucky na meia-idade, teria replicado: "Só voltarão as minhas cinzas". A cidade de Nova York foi um dos poucos lugares no mundo em que, pela primeira vez, me senti sozinha. Atribuí isso ao fato de que lá as pessoas vivem em

---

[8] Nos Estados Unidos, país de origem da autora, o termo "pessoas de cor" (*people of color*) é atualmente uma expressão sem cunho pejorativo, que engloba negros, marrons, latino-americanos, indígenas, muçulmanos etc. [N.E.]

[9] Referência ao sistema de monocultura dos Estados Unidos no qual era empregada mão de obra escravizada. [N.T.]

estreita proximidade com muitas outras, engajando-se em uma espécie de pseudointimidade, mas poucas vezes estabelecendo genuinamente uma comunidade. Era deprimente estar perto dos vizinhos e vê-los todos os dias sem nunca criar uma amizade verdadeira. As pessoas que conheci na cidade caçoavam da ideia de querer viver em comunidade. O que elas amavam em Nova York era o anonimato extremo, o não ser conhecido e não ser notado. Algumas vezes, senti de fato que fazia parte de uma comunidade e me esforcei para morar no West Village como se estivesse em uma cidade pequena. Levar minha maneira de ser do Kentucky para onde quer que fosse manteve meus vínculos e tornou possível o meu retorno para casa.

Minha decisão de voltar a morar no Kentucky não surgiu da suposição sentimental de que encontraria na minha terra natal um mundo intacto, idealizado. Mas eu sabia que lá estariam os remanescentes de tudo que tinha sido maravilhoso na minha criação. No tempo em que estive fora, eu voltava para o Kentucky e experimentava o senso de pertencimento que nunca encontrara em outro lugar, sentia os laços inquebráveis com a terra, com as pessoas, com o nosso modo de falar. Embora eu tenha vivido muitos anos longe do meu povo, tive a sorte de ter pessoas à minha espera e um lugar onde era bem-vinda. Ao voltar à minha terra natal, abracei com amor verdadeiro a realidade: "O Kentucky é o meu destino" — meu extraordinário lar.

02.
movida pelas montanhas

A vida é repleta de picos e vales, triunfos e adversidades. Muitas vezes, sofremos por querer viver em um mundo somente de vales, sem lutas ou dificuldades, um mundo plano, reto, consistente. Relutamos em enxergar a verdade da diferença e da diversidade. Relutamos em reconhecer que nossas constantes existem dentro de uma estrutura na qual tudo está sempre mudando. Relutamos em aceitar mudanças. Mas, quando somos capazes de encarar a realidade com seus altos e baixos, admitindo que eles são necessários para o desenvolvimento e a autorrealização, conseguimos sentir aquele bem-estar íntimo que é a base da paz interior. Essa vida de apreço pela diferença, pela diversidade, vida na qual admitimos o sofrimento como peça central à experiência da alegria, se reflete em nosso meio natural.

A terra possui um ecossistema diverso. Montanhas, colinas, vales, rios e lagos, florestas, tudo está natural e organicamente equilibrado. Temos muito a aprender como habitantes, como espectadores desse meio ambiente. Como acreditavam os indígenas, americanos nativos, que habitavam as Américas antes de nós, a natureza tem muito a ensinar se estivermos atentos a ela.

No entanto, se acharmos que o cenário natural à nossa volta é tão somente um quadro em branco cuja existência serve apenas para que os humanos possam desenhar nele como quiserem, não poderemos existir em harmonia e de maneira sustentável com a terra. Não poderemos proclamar com orgulho o que diz o salmo bíblico [121:1]: "Ergo os olhos para os montes: / de onde virá o meu socorro?". O salmo intenta que saibamos que é possível obter força espiritual por meio da observação do mundo natural, que notar as maravilhas da natureza é contemplar o espírito divino. Permanecer alheio ao nosso ambiente natural faz parte da disputa cultural na qual a violência contra a terra é aceita e normalizada. Se não entendermos a terra como um meio de chegar ao espírito divino, então não poderemos ver que o espírito humano é violado e enfraquecido quando os seres humanos desrespeitam e destroem o meio ambiente.

Nada resume melhor essa violência na vida contemporânea do que a atividade de remoção do topo da montanha (quando o cume da montanha é removido para a extração mineral) e a devastação resultante dessa prática. No artigo de Stephen George intitulado "Bringing Down The Mountain" [Derrubando a montanha], o autor explica como isso acontece:

> A mineração por remoção do topo da montanha é um processo simples: arrancam-se as árvores (sem o cuidado de colhê-las) e tudo o que vive na montanha, explode-se o cume (em geral com altura de duzentos a trezentos metros), retira-se o carvão e abandona-se uma área plana [...].

A maior parte dessa atividade de mineração ocorre na região da cordilheira dos Apalaches, uma das áreas mais pobres em termos de recursos materiais de nosso meio ambiente. A riqueza do nosso mundo natural, quando mensurada em dólares, nem sempre é a mais abundante, mas poderia ser se os humanos não explorassem nem desperdiçassem esse precioso recurso.

Como George explica, o legado natural dos Apalaches está ameaçado: "Uma esplendorosa cadeia de colinas e montanhas verdejantes, do tipo que não existe em lugar nenhum no mundo, está sendo sistematicamente destruída para a manutenção do insustentável modo de vida de nossas cidades".

O carvão é uma das grandes dádivas da terra. Quando eu era criança no Kentucky, nossa família morava em uma casa de estilo vitoriano com um sistema de aquecimento que, apesar de moderno, não era eficiente. Para nos mantermos aquecidos durante os meses mais gelados, usávamos carvão na pequena lareira, comum nesse tipo de arquitetura antiga. Observar o carvão queimar, sentir seu calor, fazia parte das maravilhas da infância. O carvão é incrível. Do mais escuro tom de preto, é bonito e funcional. No entanto, ele não chegava às nossas casas e à nossa vida sem sacrifícios e riscos terríveis.

No fim da tarde, quando os mineradores de carvão voltavam para casa cobertos de poeira, usando capacetes com luzes, carregando as marmitas, íamos atrás deles, sem entender que estavam exaustos, sem clima para brincadeiras. Qualquer criança criada no contexto da mineração de carvão um dia entende os riscos envolvidos nessa atividade. No tempo em que a mineração não contava com grandes maquinários, a extração do carvão precisava de mãos humanas. O homem possui limitações físicas; só consegue trabalhar até determinado ponto. As máquinas não param.

Mesmo as crianças mais novas são capazes de observar o meio ambiente modificado pela mineração convencional e ver a diferença entre esse processo e a prática de remoção do topo da montanha. Na introdução da coletânea de ensaios *Missing*

Mountains [Montanhas desaparecidas], Silas House compartilha o orgulho de ter sido criado em uma família de carvoeiros. Ele começa dizendo que "a mineração de carvão é uma parte de mim" e então relembra uma longa história de familiares que trabalharam nas minas. Ao se posicionar contra a remoção do topo da montanha, ele compartilha uma visão muito importante:

> Não somos contra a indústria do carvão. O carvão foi extraído por décadas sem devastar completamente a região inteira. Minha família é parte do legado da mineração de carvão. Mas a prática de remoção do topo da montanha significa que cada vez menos pessoas trabalham na área, porque o processo é altamente mecanizado. Se essa prática for banida, haverá mais postos de trabalho na mineração para os trabalhadores do Kentucky. E, mais do que isso, o respeito ao espírito da terra e de sua gente pode, por fim, retornar.

Sem uma visão sustentável do uso do carvão, sem a educação que fomente a consciência que permita à nossa nação se livrar da dependência nociva do carvão, não seremos capazes de restaurar a dignidade da terra e desse recurso tão rico.

A prática da remoção do topo da montanha rouba da natureza essa dignidade. Tira a autoestima e a glória divina do povo que vive nessa terra devastada por ela. Testemunhar de perto a forma como esse ataque ao meio ambiente assola o espírito humano, ver a angústia das pessoas que encaram todos os dias o trauma decorrente dessa prática, exige de nós, que vivemos longe desse processo, criar empatia e solidariedade e ceder nossos recursos, nossa força espiritual e nossa visão progressista para confrontar e cessar esse sofrimento.

Um farol para todos nós, Daymon Morgan encarna o espírito irrefreável de um verdadeiro revolucionário do Kentucky. Ele é um conservacionista, um protetor da terra, alguém comprometido com a luta pelo fim da remoção do topo da montanha. Após retornar da Segunda Guerra Mundial, Morgan adquiriu um terreno no Lower Bad Creek, no Condado de Leslie, Kentucky. Ao criar sua família e cultivar hortaliças, permitiu que a terra o ensinasse, que fizesse dele um observador. Seu caso é especial porque ele representa, de muitas formas, o cidadão comum que é chamado à ação política por seu amor pela terra e pela comunidade. Já faz um tempo que o programa de Estudos dos Apalaches no Berea College passou a levar o corpo docente e os funcionários, sobretudo os recém-chegados, a uma visita aos Apalaches para que possam entender melhor a nossa região, para ter a oportunidade de conhecer esse homem incrível e íntegro que luta pelo que é certo e maravilhoso em um país democrático. A visita me deu a oportunidade de conhecer Morgan, de estar em sua presença, de aprender um pouco com seu conhecimento. Antes mesmo de ele começar a falar, a força e a determinação do seu ser já irradiam resplendor. Na tradição budista, o aprendiz compreende que simplesmente estar na presença de um grande mestre é transformador.

Tanto em sua apresentação como em uma rápida conversa com Morgan, pude notar em sua fisionomia e ouvir em suas palavras o quanto combater a remoção do topo da montanha desgasta seu espírito, corrói seu ser, especialmente quando essa resistência inclui o embate com parentes que entregariam a terra, o legado deles, para grandes corporações. Antes de conhecer Daymon Morgan, eu havia lido alguns de seus escritos e aprendi que são necessários milhares de anos para que a matéria orgânica da floresta seja decomposta e se torne fecunda. Quando essa terra é atacada, ele lamenta:

É perturbador ver a destruição de tudo que amo. Meus remédios e minha alimentação vêm dessas montanhas, até hoje. Há um lugar aqui onde posso descansar e beber a água de um riacho, e quero que continue assim porque lá é limpo. Sinto como se estivesse sendo encurralado.

Apenas dois anos depois de ouvir Morgan, percebemos a fadiga emocional que a resistência impõe. Ainda assim, ele fala com orgulho que existe alegria na luta, que continua batalhando por causa da dívida que tem com a terra do Kentucky. Sua reverência pela relação mútua entre ele e a terra vem de seu trabalho de proteger e preservar o mundo que o cerca. Pergunto a ele sobre proteger esse legado após sua morte. Ele me responde que, não importa se o seu legado de resistência não perdurar, sua presença faz a diferença aqui e agora.

Ao contrário de outros grupos turísticos em visita aos Apalaches que passaram pela casa de Morgan, não conseguimos subir a montanha em nosso ônibus. Ele teve de descer até nós. Fomos vigiados por funcionários da empresa de mineração sentados em carros, de um jeito que beirava a intimidação. A intenção deles era bloquear estradas para impedir que víssemos a devastação (e a remoção do topo da montanha) com nossos próprios olhos. Para Morgan, nossa segurança era primordial. Ainda assim, foi possível observar e vivenciar a ameaça que ele enfrenta diariamente por parte dos que são negligentes com a sobrevivência da terra e com a cultura do

Kentucky, bem como de sua gente, a maioria pobre e da classe trabalhadora. A falta de empatia pelas vidas devastadas por essa prática me remete à crise geral dos valores humanos proporcionada pela cultura dominante, pelo patriarcado capitalista supremacista branco imperialista.

Na cultura dominante, o desejo pelo poder é uma negação direta da convicção cultural de que os humanos sobrevivem por um propósito. Quando o propósito é primordial, a vida humana mantém sua dignidade. A capacidade dos humanos de formar comunidades, de criar conexões, de amar, é nutrida e sustentada. Para quem acredita no espírito divino, em forças maiores, a questão da remoção do topo da montanha e todas as práticas que saqueiam a terra e desgastam o meio ambiente são um problema tanto espiritual quanto político. Para justificar as práticas desumanizadoras da mineração de carvão, o mundo capitalista imperialista faz parecer que a vida humana e a flora sob ataque não têm valor. Não é difícil enxergar a ligação entre os estereótipos que representam os habitantes das montanhas (os camponeses), sobretudo os pobres, como grosseiros, ignorantes, perversos e desregrados, e a convicção de que não há nada em seus hábitos e sua cultura que mereça ser respeitado e preservado.

A representação dos pobres na mídia de modo geral transmite ao público a ideia de que essas pessoas estão na pior por causa de suas más escolhas. A imagem que ela impulsiona sugere que os pobres se tornam dependentes de açúcar, álcool e drogas por uma fraqueza inata de caráter. Quando a mídia representa os pobres das montanhas, todas as suposições negativas são intensificadas e as projeções, exageradas. Não é de espantar, então, que acaba sendo mais fácil para os cidadãos que se preocupam com questões ambientais se compadecer do sofrimento infligido à natureza e aos pobres em países subdesenvolvidos do que se identificar com a exploração, tanto natural quanto cultural, das pessoas de nossa sociedade, em especial os moradores dos Apalaches.

Em um livro recente de Alice Walker, *We Are the Ones We Have Been Waiting For* [O que procuramos está em nós mesmos], a autora descreve a supressão da alma em uma cultura dominante como "a dor que enfraquece todas as nossas tentativas de nos livrar da dominação externa e internalizada [...] a dor que mata a nossa vontade de ser livre". E então conclui:

> É uma dor que parece inexorável. Uma dor que parece não acabar e não ter fim. Uma dor que está, de maneira insidiosa e definitiva, transformando pessoas generosas e apegadas à vida em seres que não sentem mais empatia pelo mundo. Estamos sendo consumidos por nosso sofrimento.

Walker se refere, aqui, ao destino dos negros, mas suas palavras também falam da condição humana em nossa cultura, da vida de pessoas exploradas e oprimidas de todas as cores.

Para criar um contexto ético social em que o cidadão estadunidense comum possa criar empatia com as experiências de vida dos moradores dos Apalaches, devemos desafiar de forma consistente a representação pública desumanizadora da pobreza e do pobre. É essencial para a luta progressista contra a remoção do topo da montanha restaurar em nossa nação o entendimento de que as pessoas podem não acumular recursos materiais e ainda assim ter uma vida abundante e envolvida com a natureza, com a cultura local e com os valores espirituais. Enxergar e entender a abundância significa não apenas que devemos mudar, de maneira coletiva, enquanto nação, nosso pensamento sobre a pobreza, mas, sim, que devemos enxergar o valor da vida acima e além de motivações lucrativas. E essa é uma tarefa desafiadora em uma cultura materialista na qual indivíduos de todas as classes perdem tempo fantasiando o dia em que se tornarão ricos caso ganhem na loteria e gastam grande parte do que recebem em apostas. Essa situação seria a causa de um desespero generalizado se não fosse pela conscientização crítica que já está levando muitos cidadãos estadunidenses a reavaliar sua vida. Em todas as classes, a queda dos recursos econômicos causada pela perda de empregos, baixos salários, altos custos com moradia, entre outros motivos, são circunstâncias que servem como um catalisador para que as pessoas repensem a vida. Esse processo de rever prioridades normalmente leva a um retorno aos valores espirituais, a uma reconexão com a natureza. Walker nos diz, em seu trabalho mais recente, que somente o espírito pode nos guiar, que "o espírito é o nosso país, pois, no fim das contas, ele é nossa única morada".

Um dos benefícios involuntários do renascimento do fundamentalismo religioso é o crescimento de novas concepções a respeito dos pobres. Essa teologia restabelecida conclama aqueles que vivem de acordo com a Bíblia a se identificar com os pobres e a levar uma vida simples. Esse chamado a uma vida simples normalmente começa com um despertar de consciência da nossa conexão profunda com a natureza. A Bíblia diz para sempre nos voltarmos à natureza para entender a essência dos valores espirituais. Todas as diferentes religiões no mundo prestam homenagem ao papel desempenhado pela natureza em nossa humanização, nossa autorrealização espiritual. No ensaio intitulado "Turning Slowly Nature" [Transformando a natureza aos poucos], Diane Glancy nos revela essa compreensão:

> Para mim, a natureza parece um mundo que carece de salvação. Um mundo que chora por redenção, por libertação do medo, por proteção, em estado de alerta, em um estado predatório. A natureza deseja a libertação. A Criação chora por libertação, assim como a humanidade que em si habita. O livro dos Romanos (8:21) diz: "A mesma criatura será liberta da escravidão da corrupção, para participar da liberdade e da glória dos filhos de Deus".

Ao agirmos pela redenção da natureza, pelo resgate e pela preservação de nosso ambiente natural para que futuras gerações possam se sentir em casa neste mundo, estamos reivindicando nossa própria salvação, como testemunhas e guardiões. No ensaio "Becoming Metis" [Tornando-se Métis], sobre a integração de suas ancestralidades nativa americana e europeia, Melissa Nelson diz que o comprometimento com a ecologia profunda foi útil a ela até certo ponto, pois foram as visões holísticas das tradições nativas que de fato fundaram o alicerce espiritual, filosófico e político sobre o qual ela se estabeleceu:

> Para os indígenas, os princípios básicos da ecologia profunda são justamente uma reinvenção de princípios muito antigos que existem há milênios antes de seus caminhos serem interrompidos e, em muitos casos, destruídos pelas forças coloniais. Para descobrir quem eu sou hoje, nesta terra onde vivo, tive de recuperar essa herança e perceber um eu multicultural. [...]

Ao investigarem o processo, alguns atingiram o ponto de assumir a riqueza cultural de suas diferentes origens, ao passo que cheguei a entender a importância de descolonizar minha mente.

Devemos descolonizar nossa mente da cultura ocidental para pensar de forma diferente sobre a natureza e sobre a destruição causada pelo ser humano.

Em uma visão profética, Enrique Salmon explica, em *Sharing Breath* [Fôlego compartilhado], que

> a Sobrevivência Cultural pode ser mensurada levando em consideração quanto uma cultura conseguiu manter da relação com suas biorregiões. Ecologistas e biólogos conservacionistas reconheceram uma importante relação entre a diversidade cultural e a diversidade biológica [...]. As histórias culturais falam a língua da terra. Elas marcam os contornos da consciência do humano/da terra.

Nossa língua vernacular do Kentucky ressoa a riqueza e o calor de nossa terra. Quando abrimos a boca, gerações podem ser ouvidas como se estivéssemos de fato "falando em línguas", já que adotamos uma memória coletiva inconsciente de nossos ancestrais, recordando o amor pela terra. É esse amor que deve nos guiar a fazer tudo que for possível para deter a remoção do topo da montanha, a fim de recuperar a beleza e a função do carvão sem desgastar o planeta. A cultura dos moradores dos Apalaches não sobreviverá se as montanhas morrerem. Não podemos olhar para as colinas e encontrar forças se tudo o que estiver à nossa frente for um cenário de destruição.

＃ 03.
tocar a terra

Desejo viver porque a vida tem em si algo que é bom, algo que é bonito e algo que é amor. Porque conheço todas essas coisas, descobri que elas são razão suficiente e... desejo viver. Além do mais, por ser assim, desejo que outros vivam por gerações e gerações.

— Lorraine Hansberry, *To Be Young, Gifted and Black*
[Ser jovem, talentosa e negra]

Quando temos amor pela terra, cultivamos uma forma de amor-próprio mais completa. Acredito nisso. Os ancestrais me ensinaram que é assim. Quando criança, eu adorava brincar no barro, naquela terra fértil do Kentucky, a fonte da vida. Antes de entender qualquer coisa sobre a dor e a exploração resultantes do sistema sulista de parceria rural, eu já entendia que negros adultos amavam a terra. Eu ficava em pé ao lado do meu avô Jerry e olhava as plantações de legumes, tomate, milho, couve, e sabia que aquilo era obra de suas mãos. Eu notava o olhar orgulhoso no rosto dele por eu ficar maravilhada e admirada com a magia de ver tudo aquilo florescendo. Eu sabia que no quintal da minha avó Baba eu encontraria feijões, batata-doce, repolho e abóbora, que ela também andaria com orgulho por entre os muitos corredores de plantação, nos mostrando o que a terra nos proporciona quando a tratamos com carinho.

Desde a primeira vez que se encontraram, os nativos americanos e os africanos compartilharam entre si o respeito pelas forças da natureza, da terra, que promovem a vida. Os africanos que se estabeleceram na Flórida ensinaram aos fugitivos do povo Creek, os "Seminoles", métodos de cultivo de arroz. Os povos nativos ensinaram aos negros recém-chegados tudo sobre os diversos usos do milho. (A panquequinha de milho frita que comemos desde pequenos entrou na dieta sulista negra devido ao contato com o mundo indígena.) Tendo em comum a adoração pela terra, essas pessoas de pele negra e vermelha lembravam umas às outras que, apesar dos métodos do homem branco, a terra pertencia a todos. Vejam estas palavras atribuídas ao Chefe Seattle em 1854:

> Como é possível comprar ou vender o céu, o calor da terra? Essa ideia é estranha para nós. Se o frescor do ar e o cintilar da água não pertencem a ninguém, como é possível comprá-los? Cada parte da terra é sagrada para o meu povo. Cada espinho de pinheiro, cada costa arenosa, cada neblina na mata escura, cada clareira e cada inseto zumbindo são sagrados na memória e na vivência do meu povo. [...] Somos parte da terra, e ela é parte de nós. As flores perfumadas são nossas irmãs; o veado, o cavalo, a grandiosa águia, todos são nossos irmãos. Os cumes rochosos, a seiva dos prados, o calor do corpo de um pônei e o homem — todos fazem parte da mesma família.

O senso de união e harmonia com a natureza expresso aqui se encontra também entre pessoas negras, a partir da descoberta de que é possível estar em paz, apesar da vida dura no novo mundo. Em sua autobiografia oral, a parteira Onnie Lee Logan, que passou toda a vida no Alabama, fala sobre a riqueza da vida no campo — cultivando hortaliças, criando galinhas e defumando carne. Ela relata:

> Tivemos uma vida feliz e confortável, apesar dos tempos da escravidão. Eu não conhecia nada além da fazenda, então lá era feliz, e nós éramos felizes. [...] Não podíamos fazer nada além de sermos felizes. Aceitamos os dias que vêm e vão. Dia após dia, não se pode dizer que houve algum momento muito difícil. Nós deixávamos passar. Não pensávamos sobre isso. Apenas seguíamos. Fazíamos o que era necessário para viver bem, e assim era.

Na sociedade moderna, sem conhecimento da história, é fácil para as pessoas esquecer que os negros eram, antes de tudo, pessoas da terra, agricultores. É comum esquecer que, na primeira metade do século XX, a maioria dos negros nos Estados Unidos vivia no Sul rural.

Ao viverem próximos à natureza, os negros desenvolviam um espírito de admiração e reverência pela vida. Ao cultivarem o alimento para sobreviver e as flores para satisfazer a alma, conectavam-se com a terra, que é eterna e dá sentido à vida. Eles testemunhavam a beleza. Em uma importante discussão de Wendell Berry sobre a relação entre a agricultura e o conforto espiritual do ser humano, *The Unsettling of America* [A inquietação da América], ele nos lembra que trabalhar com a terra proporciona um sentimento de poder pessoal e bem-estar:

Trabalhamos bem quando nos tornamos criaturas parceiras das plantas, dos animais, da matéria e de outras pessoas com as quais dividimos as tarefas. Esse trabalho unifica, cura. Tira-nos do orgulho e do desespero e nos leva de volta ao nosso lugar, nos dá responsabilidade dentro da condição humana. Somos definidos pelo que somos: não tão bons para trabalhar sem nosso corpo, mas bons demais para trabalhar mal, sem alegria, de maneira egoísta ou sozinhos.

Pouco se estudou ou se documentou sobre o impacto psicológico da "grande migração" dos negros da região Sul rural para a região Norte industrializada. O romance de Toni Morrison *O olho mais azul* é uma tentativa de documentar de forma ficcional como essa mudança abriu feridas na psique dos negros. Afastada do mundo natural, onde havia tempo para o silêncio e a contemplação, uma das negras "deslocadas" no romance de Morrison, a personagem Pauline, perde a capacidade de experimentar o mundo sensorial à sua volta quando deixa o campo no Sul para viver em uma cidade do Norte. Em sua cabeça, o Sul está associado com o mundo de beleza sensual expressa de maneira mais profunda na natureza. De fato, quando a personagem se apaixona pela primeira vez, ela consegue nomear tal experiência somente evocando imagens da natureza, de um mundo rural e quase selvagem de esplendor natural:

> Quando vi o Cholly pela primeira vez, quero te dizer que foi como todas as cor daquela época lá na minha terra, quando todos nós, as criança, a gente foi colher frutinha depois de um funeral e eu botei umas no bolso do meu vestido de domingo e elas se esmagou e manchou o meu quadril. Meu vestido ficou

todo sujo de roxo, e não adiantou lavar, porque não saía. Nem do vestido nem de mim. Eu sentia aquele roxo forte dentro de mim. E a limonada que a mãe fazia quando o pai vinha do campo. Era fria e amarelada, os caroço boiava perto do fundo. E aquela risca verde que os besouro fez nas árvore na noite que a gente saiu da nossa casa. Todas aquelas cor tava em mim. Quietinhas lá.

Com certeza, deve ter sido um golpe muito forte na psique coletiva dos negros ver a si mesmos lutando para sobreviver no Norte industrializado, longe da terra. O capitalismo industrial não apenas mudou a natureza do trabalho do negro mas alterou as práticas comunitárias que eram tão centrais para a sobrevivência no Sul rural. E isso mudou profundamente a relação dos negros com o corpo. É com a perda de qualquer apreço pelo próprio corpo, apesar dos defeitos, que Pauline sofre quando se muda para o Norte.

A motivação dos negros de sair do Sul e se mudar para o Norte era tanto material quanto psicológica. Eles queriam se ver livres do assédio racial constante no Sul e ter acesso a bens de consumo — um nível de bem-estar material impossível na região Sul rural, com os brancos limitando o alcance às esferas do poder econômico. Descobriram, então, que a vida no Norte tinha as próprias perversidades, que o racismo era tão virulento ali quanto no Sul, que era muito mais difícil para os negros se tornar donos de terras. Sem espaço para cultivar comida, para comungar com o mundo natural ou para contrabalancear a extrema pobreza com o esplendor da natureza, os negros passaram por uma depressão profunda. Ao trabalharem em condições nas quais o corpo era considerado apenas uma ferramenta (como na escravidão), sofreram um profundo distanciamento entre a mente e o corpo. A forma como o corpo era representado se tornou mais importante do que corpo em si. Não interessava se o corpo estava bem, apenas se aparentava estar bem.

O afastamento da natureza e a separação entre corpo e mente facilitaram a internalização, pelos negros, das premissas da supremacia branca a respeito da identidade negra. Ao aprenderem o desprezo pela negritude, os sulistas deslocados para o Norte sofreram com o choque cultural e a perda da alma. Comparando a dureza da vida na cidade e o mundo rural, o poeta Waring Cuney escreveu este poema, popular nos anos 1920, comprovando essa perda de conexão:

> Ela não sabe de sua beleza
> Ela acha que em seu corpo escuro
> não há glória.
> Se ela pudesse dançar nua,
> Sob as palmeiras
> E ver sua imagem no rio
> Ela saberia.
> Mas não há palmeiras na rua,
> E a água suja da louça não reflete sua imagem.[10]

Por muitos anos, e até hoje, as gerações de negros que migraram para o Norte para escapar da vida no Sul voltaram para a terra natal em busca de alimento para o espírito e cura — que

---

[10] No original, "She does not know her beauty / She thinks her brown body / has no glory. / If she could dance naked, / Under palm trees / And see her image in the river / She would know. / But there are no palm trees on the street, / And dishwater gives back no images". [N.E.]

estavam essencialmente relacionados à reafirmação da conexão de si com a natureza, a uma prática contemplativa que permite tirar um tempo para sentar na varanda, caminhar, pescar e caçar vaga-lumes. Se considerarmos que na vida urbana os negros aprenderam a aceitar a separação entre corpo e mente, uma separação que permite o abuso do corpo, podemos entender melhor o crescimento do niilismo e do desespero na psique do negro. E podemos saber que, quando mencionamos a cura dessa psique, devemos também falar sobre restaurar nossa conexão com o mundo natural.

Onde quer que moremos, podemos restaurar nossa relação com o mundo natural tirando um tempo para comungar com a natureza e apreciar as outras criaturas que dividem este planeta conosco. Mesmo em meu pequeno apartamento em Nova York eu podia fazer uma pausa e ouvir o canto dos pássaros, encontrar uma árvore e contemplá-la. Podemos plantar — ervas, flores etc. Os romances de escritores afro-estadunidenses (homens e mulheres) que falam sobre a migração do Sul rural para o Norte industrializado descrevem em detalhes as maneiras que as pessoas encontraram para cultivar plantas. Embora eu tenha crescido cercada de pessoas do campo que lidavam com a terra com facilidade, sempre achei que não teria talento para a jardinagem. Nos últimos anos, descobri que consigo, sim — que muitas hortas vão crescer, que me sinto conectada com meus ancestrais quando posso colocar à mesa uma refeição com o alimento cultivado por mim. Eu gosto, em especial, de plantar couve; ela é resistente, de fácil manutenção.

Na sociedade moderna, existe também a tendência de não enxergar a correlação entre a luta pela autorregeneração coletiva dos negros e os movimentos ecológicos que procuram restaurar o equilíbrio do planeta ao mudar nossa relação com a natureza e seus recursos. Sem a consciência sobre a nossa história de vida em harmonia com a terra, muitos negros hoje não enxergam o valor de apoiar movimentos ecológicos, ou veem a ecologia e a luta pelo fim do racismo como assuntos divergentes. Ao recuperar o legado de nossos ancestrais que sabiam que a maneira como tratamos a terra e a natureza pode determinar o nível de nosso amor-próprio, o negro precisa reivindicar um legado espiritual no qual conectamos nosso bem-estar ao bem-estar da terra. Essa é uma dimensão necessária de cura. Berry nos lembra que:

> Somente alcançaremos a cura se restaurarmos nossas conexões interrompidas. Conexão é saúde. E se tem uma coisa que nossa sociedade faz bem é esconder de nós quão normal e acessível é a saúde. Perdemos nossa saúde — e criamos doenças e dependências lucrativas — por não conseguirmos perceber as conexões diretas entre viver e comer, comer e trabalhar, trabalhar e amar. Na jardinagem, por exemplo, a pessoa trabalha com o corpo para alimentar o corpo. O trabalho, se feito com conhecimento, resulta em um excelente alimento. E deixa a pessoa com fome. O trabalho faz o ato de comer ser nutritivo e alegre, não consumista, e evita que a pessoa engorde ou fique fraca. Essa saúde, essa plenitude, é fonte de deleite.

A autorregeneração coletiva do negro acontece quando começamos a renovar nossa relação com a terra, quando lembramos o modo de vida de nossos ancestrais. Quando a terra é sagrada para nós, nosso corpo também pode ser sagrado.

04.
reivindicação
e reconciliação

Mesmo criada para pensar em mim mesma como sulista, foi apenas depois de sair do meu estado natal, o Kentucky, que comecei a pensar sobre a geografia dos Estados Unidos em termos de Norte e Sul. Esse pensamento me levou a refletir sobre a história do agricultor afro-estadunidense. Vinda de uma longa linhagem de camponeses, eu ficava intrigada, logo quando deixei meu estado, com a forma como a experiência do negro era mencionada no contexto universitário. Era sempre a experiência nas grandes cidades que definia a identidade negra. Ninguém dava atenção à vida dos negros do campo. O fato de noventa por cento de todos os afro-estadounidenses até o século XX habitarem a região Sul rural não importava. Mas, nas profundezas de nossa psico-história, passamos muitos anos na zona rural, nos sentindo em casa na terra, trabalhando com a terra. Nossa origem não está nas cidades. Não somos pessoas naturalmente cosmopolitas.

Embora os homens e as mulheres da minha família fossem agricultores e tirassem da terra seu sustento, não fui criada para ser agricultora nem para me casar com um. Minhas mãos não eram boas para fazer colchas de retalhos[11] ou para cultivar. Eu não sabia bem o que fazer com uma agulha ou um arado. Nunca seguiria o destino de minhas tias, tios, sobrinhos e primos em direção aos campos de tabaco. Não trabalharia no chão instável. O trabalho duro, difícil e sujo da colheita do tabaco não determinaria meu modo de vida. Meu destino, segundo o que meus antepassados me diziam, era diferente. Eles o viam em seus sonhos. No silêncio da noite, eles falavam com Deus, que dizia a eles o que seria de mim. Não podiam me dizer nada, mas estavam certos de que uma hora o meu destino se revelaria. Os anciões da minha família me encorajavam a aceitar tudo que estava à minha espera, a reivindicar isso, mesmo que reivindicar o que é meu significasse sair de casa, da minha terra natal. "Jesus", eles me diziam, "precisou se afastar de seu pai e de sua mãe para seguir seu próprio caminho." E também não era meu destino seguir o caminho de Jesus.

Apesar de eu ter saído do campo, enquanto meus avós trabalhavam no sistema de parceria rural, arando a terra do senhor como se o sistema de plantation nunca tivesse acabado, ou às vezes trabalhando nas pequenas porções de terra que a eles pertenciam para fazer o que quisessem, fui ensinada a me ver como guardiã da terra. Vovô Jerry me ensinou a valorizá-la. Com ele, aprendi a olhar a natureza, nosso ambiente natural, como uma força que cuida dos negros explorados e oprimidos pela cultura da supremacia branca. A natureza estava lá para nos ensinar, brancos e negros, sobre as limitações da humanidade. A natureza estava

---

[11] Em inglês, *quilting*. Técnica de costura que consiste em unir uma sobreposição de pelo menos três camadas de peças têxteis (topo, manta e forro) para fabricar uma colcha de retalhos colorida e ornamentada chamada *quilt*. [N.T.]

lá para mostrar que Deus existe, para nos conceder o mistério e a esperança. Essas foram as lições que vovô Jerry me deixou quando me colocava em cima de uma mula e andávamos conversando por entre os muitos corredores de plantações.

Tive muita sorte de poder andar de mãos dadas com homens negros fortes que cuidaram do meu corpo e da minha alma, homens do interior do Kentucky, do campo. Homens que nunca nem pensariam em machucar qualquer ser vivo. Esses homens negros eram gentis e esperançosos. Eram homens que plantavam, caçavam, colhiam. Eles compartilhavam sua generosidade. Quando comecei a analisar de maneira crítica o que os homens negros como grupo se tornaram nesta nação, seres derrotados e desesperados, reconheci o genocídio psíquico que aconteceu quando eles perderam as raízes ao abandonar seu legado rural para trabalhar no Norte industrializado. O trabalho no campo, alimentando vidas, cuidando das plantações e dos animais, havia dado aos homens negros do passado um lugar para sonhar e ter esperanças além das questões de raça e racismo, além do poder branco opressor e cruel. As mulheres negras costumavam trabalhar com os homens negros, inclusive nas colheitas, às vezes, pois não havia dinheiro para contratar trabalhadores. Mas, na maior parte do tempo, o trabalho delas era o de criar um lar. Em sua cozinha, minha avó preparava sopa, batia manteiga, tirava a pele de animais, fazia compotas. A carne era pendurada em ganchos na copa escura, e as batatas, armazenadas em cestos. À época, esse lugar pouco iluminado conservava os frutos de um trabalho que era difícil, mas afirmativo. Era o símbolo da autodeterminação e da sobrevivência.

Pouquíssimo foi escrito sobre os negros da zona rural e a cultura de pertencimento que criaram. Está no meu destino, é minha obrigação manter essa memória, ser uma das vozes que contam essa história. Nós nos esquecemos do agricultor negro do passado, e os que ainda trabalham no campo continuam invisíveis. É do interesse do patriarcado supremacista branco capitalista imperialista esconder e apagar a história deles. Porque eles são os ancestrais que deram aos negros saídos da escravidão e em busca da reconstrução uma consciência contestadora; foram eles que proporcionaram formas de pensar a vida que ajudariam a resgatar a autoestima dos negros mesmo em circunstâncias tão difíceis e brutais. Seu legado de autodeterminação e trabalho duro refuta precisamente o estereótipo racista de que os negros eram preguiçosos e incapazes de trabalhar por conta própria sem a supervisão do homem branco.

O escritor negro Ernest Gaines recorda o espírito desses visionários rurais no romance *A Gathering of Old Men* [Um encontro de anciões], no qual reconhece que o legado deles ameaçou os poderosos e, por isso, foi relegado. O personagem Johnny Paul nos faz lembrar dos homens que trabalhavam no campo:

> Estão tentando se livrar de todas as provas de que os negros antes cultivaram esta terra com arados e mulas — como se já existissem máquinas motorizadas desde o início [...]. A mãe e o pai trabalharam duro demais nestes campos. Eles trabalharam muito, mas muito mesmo, para que no fim o trator passasse sobre seus túmulos e destruísse todas as provas de sua existência.

Dentro da cultura supremacista branca capitalista imperialista nos Estados Unidos, existe um esforço concentrado para enterrar a história do negro agricultor. Ainda assim, escrituras, registros em tribunais, a cultura oral e os raros estudos sobre o tema comprovam a verdade poderosa do legado rural dos afro-estadunidenses. A história também registra os atos de terrorismo por parte de pessoas brancas que se empenhavam em expulsar os negros do campo, em destruir seus lares. Essa história do colonialismo moderno agora está vindo à tona. Artigos recentes publicados no *Herald-Leader*, jornal local do Kentucky, da cidade de Lexington, descreveram os ataques históricos contra proprietários de terra negros. Na seção "Residue of A Racist Past" [Resquícios de um passado racista], o artigo "Left Out of History Books" [Excluído dos livros de história], escrito por Elliot Jaspin, conta aos leitores que,

> a partir de 1864 e por mais ou menos sessenta anos, brancos cruzaram os Estados Unidos provocando uma série de despejos por motivos raciais, arrancando milhares de negros de seus lares para criar comunidades exclusivamente brancas.

Os agricultores negros, que trabalhavam em suas pequenas fazendas, eram o alvo preferido dos brancos à caça de mais terras.

Em minha família, a terra foi perdida durante tempos difíceis. Os negros da elite que atuavam no levante racial desprezavam a agricultura tanto quanto os brancos da elite. O desdém pelo negro agricultor se espalhou no fim do século XIX à medida que os negros começaram a almejar riqueza e influência. A visão de W.E.B. Du Bois sobre o décimo talentoso[12] não

---

[12] No original: *talented tenth*. O décimo talentoso é um termo que designava uma classe de liderança de afro-estadunidenses no início do século XX. O termo foi criado por filantropos do norte dos Estados Unidos e logo divulgado por W.E.B. Du Bois em um influente ensaio de mesmo nome, publicado em setembro de 1903. Du Bois usou o termo "o décimo talentoso" para descrever

incluía os agricultores. Apesar do racismo internalizado de Booker T. Washington, ele foi o único líder negro que entendeu a importância da propriedade da terra, das nossas raízes rurais. Ele tinha consciência de que saber como tirar o sustento do campo era uma forma de autodeterminação. Ao mesmo tempo que se equivocava em pensar que o paternalismo branco era útil e benevolente, Washington continua sendo um dos defensores históricos do agricultor negro. A elite não era favorável à sua ideia de focar a educação profissionalizante; para os membros desse grupo, nem o trabalho com os nativos americanos, nem a intensa dedicação de Washington ao futuro dos negros desfavorecidos mereciam atenção. Em sua autobiografia, *Up from Slavery* [A partir da escravidão], Washington pede aos negros que escolham a autoconfiança:

> Saia e seja um centro, um centro doador de vida, como outrora, para toda uma comunidade, quando a oportunidade chegar, quando puder doar vida onde não há vida, esperança onde não há esperança, poder onde não há poder. Comece de maneira humilde e trabalhe para construir instituições que colocarão os negros de pé.

Segundo Washington, a agricultura era um dos espaços nos quais os negros poderiam se destacar. O trabalho no campo era a atividade por meio da qual os negros poderiam criar uma cultura de pertencimento.

---

a probabilidade de um em cada dez homens negros se tornarem líderes mundiais de sua raça, por meio de métodos como educação continuada, publicação de livros ou envolvimento direto nos processos de transformação social. [N.T.]

Em *Rebalancing the World*, Carol Lee Flinders cita as seguintes características de uma cultura de pertencimento:

> íntima conexão com a terra à qual se pertence, uma relação empática com os animais, autocontrole, responsabilidade ambiental, deliberação consciente, equilíbrio, expressividade, generosidade, igualitarismo, mutualidade, afinidade com modos alternativos de conhecimento, ludicidade [...] e mente aberta.

Meus professores nunca falaram nada sobre esses valores de pertencimento, nem na escola, nem na universidade. Sem dúvida, a partir da faculdade, o que importava era a cultura da realização: o que fosse ensinado para nós determinaria nosso sucesso na vida. Em nenhum momento da minha formação universitária a agricultura foi mencionada. Quando cheguei à faculdade e dizia que vinha do Kentucky, as pessoas riam. O que prevalecia eram os estereótipos sobre o estado, os caipiras e coisas do tipo. Ninguém falava sobre o Kentucky que eu conhecia tão intimamente. Ninguém mencionava os negros agricultores em minhas aulas em Stanford. Em todos os lugares pelos quais passei em minha jornada pelo ativismo ambiental, existia um apartheid de raça e classe. Nesses espaços, ninguém reconhecia que os negros se importavam com o campo e com o destino da terra.

Nesse meio-tempo, no mundo interiorano do Kentucky no qual fui criada, os idosos morriam e os jovens não tinham interesse na agricultura. Tanto no campo quanto nas periferias da cidade, as hortas orgânicas e a criação de animais, que eram um meio de vida para meus avós, se transformaram em um legado que ninguém queria preservar. E a abundância que o trabalho deles trouxe para o nosso mundo empobrecido e necessitado foi logo esquecida. Em todo lugar que morei, esforcei-me para cultivar hortaliças, mesmo que fosse em vasos, como um tributo aos anciões e às tradições rurais que mantinham e como uma forma de me ater a essas tradições. Assim como meus avós maternos e paternos, eu queria ser autossuficiente, viver de forma simples. O pai do meu pai trabalhou no campo, em parceria rural. Ele me ensinou muito sobre agricultura e vida rural. Meus avós maternos viviam na periferia da cidade como se vivessem no campo. Acreditavam na dignidade do trabalho. Todos eles acreditavam que a terra era sagrada.

Ninguém comparava a terra a uma mãe. Eles não dividiam o mundo em categorias de gêneros opostos, que é uma estratégia comum tanto no movimento feminista reformista quanto no ativismo ambiental. Ensinaram-me que a terra, como a natureza, podia dar a vida, mas também podia ameaçá-la e tomá-la, daí a necessidade de respeitar o poder de seu hábitat. Meus avós dos dois lados da família possuíam terras. Como Booker T. Washington, eles entendiam que os negros que tinham seus "quarenta acres de terra e uma mula", ou até mesmo apenas um acre, eram capazes de viver cultivando a própria comida, mantendo um teto que não era hipotecado. Baba e vovô Gus, meus avós maternos, eram radicalmente contra qualquer noção de levante social e racial que direcionasse os negros a desrespeitar a terra, a imitar os costumes sociais dos brancos ricos. Eles entendiam como a supremacia branca e suas hierarquias raciais intrínsecas levavam à desumanização da vida do negro.

Para eles, era importante criar uma cultura própria — uma cultura de pertencimento enraizada na terra. E foi assim que compartilharam um sistema de crenças comum com o anarquismo dos brancos pobres. Muitos pobres do Kentucky, negros e brancos, nunca chegaram a abraçar as crenças renegadas do interior. Mas aqueles que as abraçaram viveram sob um conjunto diferente de valores. E, ao contrário do que diziam os estereótipos negativos, esses modos opositores de pensar, esses valores diferentes, eram mais sustentáveis. Em *Dreaming the Dark* [Sonhando com o escuro], a ativista feminista Starhawk compartilha um pensamento poderoso:

> Quando de fato entendemos que a terra é viva e sabemos que somos parte dessa vida, somos chamados a viver de forma íntegra, a garantir uma coerência entre nossas ações e nossas convicções, a assumir responsabilidade pelo que criamos, a conduzir o trabalho de cura.

Esses foram os valores ensinados pelos meus ancestrais da zona rural. É a sabedoria deles que me move a chamar a atenção para o poder restaurador da nossa relação com a natureza. A cura coletiva para as pessoas negras na diáspora só poderá ocorrer se nos lembrarmos de como pôr em prática nosso passado na zona rural.

O negro que vive em comunidades rurais, que vive na terra, que leva uma vida simples, pode fazer nossas vozes serem ouvidas. A cura começa com a autodeterminação em relação ao corpo que é a terra e ao corpo que é nossa carne. Muitos negros fazem escolhas que ameaçam encurtar a vida, comem fast-food, sofrem de doenças que poderiam ser evitadas com alimentação adequada e exercícios físicos. Meus ancestrais eram fumantes inveterados, a maioria enrolava os próprios cigarros feitos com o tabaco cultivado localmente, e muitos bebiam bastante nos fins de semana. Mesmo assim, comiam direito, trabalhavam pesado e se exercitavam todos os dias. Muitos deles viveram mais de setenta anos. Ainda precisamos criar movimentos pela autodeterminação do negro que enfatizem nossa relação com a natureza e o papel que os ambientes naturais podem desempenhar na resistência. Tendo em vista que muitas histórias de negros agricultores ainda não foram reveladas, começaremos a documentá-las e a aprender com elas. Muitas vozes do passado falam sobre a agricultura e a lavoura em trabalhos autobiográficos que, talvez, analisando de maneira superficial, não mencionem a existência de documentação da história rural. A antropóloga Carol Stack fala sobre negros agricultores no livro *Call To Home: African Americans Reclaim the Rural South* [Um chamado de volta ao lar: afro-estadunidenses reivindicam o Sul rural]:

> Depois da Guerra Civil, sem nenhum tipo de capital ou propriedade, os negros libertos começaram a trabalhar para juntar lotes de terra. Em 1920, mais de novecentos mil negros estadunidenses, muitos deles no Sul, eram classificados como operadores de fazendas, representando por volta de vinte por cento dos agricultores brancos [...]. Um quarto dos agricultores negros eram de fato proprietários de terra, controlando um total de quinze milhões de acres.

Stack documenta a maneira como os negros lutaram e trabalharam para conseguir a terra — ainda que essa terra fosse, de acordo com a autora, uma pequena fazenda, correspondente a "um terço do que estava em posse de agricultores brancos".

A leitura da autobiografia de uma parteira afro-estadunidense no Sul profundo, cuja família tirou o sustento da terra e conseguiu viver bem nos tempos mais difíceis, serviu como incentivo para que eu refletisse e escrevesse sobre como foi ser criada em uma cultura rural sulista. Muito do que ouvimos sobre o passado está ligado à discussão acerca da exploração e da opressão racistas. Pouco se escreve sobre a alegria que os negros sentiam ao viver em harmonia com a natureza. Em *We Are the Ones We Have Been Waiting For*, Alice Walker diz: "Eu lembro com muita clareza da alegria que via no rosto de meus pais e avós quando eles provavam o doce aroma do solo da primavera ou a vivacidade fresca do vento". Isso acontece porque nos recordamos da alegria de convocar uns aos outros a reivindicar esse espaço de ação, onde sabemos que somos mais do que dor, onde experimentamos nossa interdependência, nossa unidade com a vida. Alice Walker continua:

> Observando a destruição e a ruína dos Estados Unidos, que todo o nosso trabalho forçado e não remunerado durante mais de cinco séculos não conseguiu evitar, não podemos deixar de desejar que nosso povo, que sofreu tanto e manteve sua fé por tanto tempo, possa finalmente experimentar uma vida de liberdade, uma vida de alegria. Então, aqueles de nós escolhidos pela Vida a trilhar caminhos diferentes dos que foram impostos aos nossos ancestrais estamos explorando o universo conhecido à procura do que nos proporciona mais paz, autoaceitação e libertação. Encontramos muita inspiração na Natureza. Na pura persistência e maravilha da Criação em si.

Ao reivindicar a inspiração e o propósito de nossos ancestrais que reconheciam o sagrado da terra, invocamos seu poder de testemunhar — algo vital para a nossa sobrevivência contemporânea. Em muitos relatos de escravizados, os negros se dirigem até as colinas à procura de liberdade e, nas profundezas das matas, compartilham o pesar com seu hábitat. Lemos sobre como encontraram alento na natureza selvagem. Não é de espantar que na minha infância eu tenha sido ensinada a recitar passagens bíblicas que me lembravam da natureza como aliada para curar e renovar o espírito. Basta ouvir as palavras do salmo que diz: "Ergo os olhos para os montes: / de onde virá o meu socorro?".

Ao buscar a cura, voltei para as colinas do Kentucky da minha infância, para as paisagens rurais que me são familiares. É impossível viver no Kentucky hoje e não lamentar tudo que os humanos fazem para dizimar e destruir essa terra. Ainda assim, mesmo entristecidos, devemos fazer com que nosso pesar nos impulsione para o ativismo ecológico de libertação. Para mim, isso assume diversas formas — no momento, comprar uma terra que não servirá a empreendimentos imobiliários, renovar meu compromisso com uma vida simples, cultivar plantas. Gosto muito daquele adesivo de carros que nos aconselha, muito sabiamente, a "viver de forma simples para que outras possam simplesmente viver". Agora, depois dos cinquenta, voltei para o Kentucky, onde moram meus parentes idosos. Vejo as cercanias lindas da minha infância, os gramados podados, os maravilhosos jardins que fazem dos mais pobres casebres belos lugares transformados em zonas de guerra genocidas à medida que as drogas destroem o coração da comunidade. O vício não favorece as relações; ele nos leva para longe de nossa comunidade, do estímulo apropriado da mente, do corpo e do espírito. Para curar nosso corpo espiritual coletivo, é necessário reivindicar o terreno sobre o qual vivemos. De forma muito significativa, no ensaio "The Body and the Earth" [O corpo e a terra], Wendell Berry compartilha esta reflexão importantíssima:

O corpo não pode ser inteiro sozinho. As pessoas não são inteiras sozinhas. Um corpo saudável é incompatível com a confusão espiritual, ou com a desordem cultural, ou com a poluição do ar e da água ou com um solo improdutivo.

Nossos ancestrais visionários da zona rural entendiam isso.

Infelizmente, o poder desumanizador da cultura dominante tem prioridade sobre a vontade coletiva de humanizar. Os negros que hoje usam a vitimização para definir sua vida abrem mão desse lugar de poder. Não se pode jogar a culpa dessa renúncia sobre os brancos. Em épocas de maior sofrimento, durante a escravidão e nos anos que se seguiram, os negros encontraram formas de nutrir seus valores. Eles usaram a imaginação. Eles criaram. Devemos lembrar que a sabedoria da resistência se enfraquece no desespero coletivo. Devemos, tanto como indivíduos quanto como grupo, ter coragem de analisar de maneira crítica nossa relação com a terra, com a natureza, com os ecossistemas e com o meio ambiente da nossa região e do mundo.

Quando analisei a minha relação com o mundo rural onde nasci, percebi que eu precisava reacender a relação de preservação da terra que era uma característica da minha família no Kentucky. Cresci em uma área rural onde muitos negros possuíam terras. Alguns foram recompensados por patrões brancos com um ou dois acres graças a seus leais serviços. Isso acontecia muito no caso de homens negros em parceria rural que desenvolviam vínculos de coigualdade com os patrões brancos. Claro que essa não era a regra, mas é significativo registrar a possibilidade de ir além do distanciamento produzido pela exploração e pela opressão e criar laços de comunidade. Embora os negros agricultores representassem mais da metade da população rural por volta de 1964, a partir de 1982 a propriedade de terras entre os negros sulistas começou a declinar. Stack apresenta a seguinte explicação para o fato:

> À medida que a agricultura estadunidense se consolidava e muitos pobres melhoravam de vida, os negros agricultores passaram a representar seis vezes menos que os agricultores brancos. De condado em condado em cada estado do Sul, a terra que pertencia a famílias negras por gerações foi caindo nas mãos de pessoas brancas.

E o mais importante: os brancos que compravam a terra por um preço baixo, sobretudo a terra que pertencia a negros, não a vendiam para outros negros nem por um alto valor.

Há alguns anos, voltei para minha cidade para dar uma palestra. Durante a sessão de perguntas, falei sobre como a questão da propriedade de terras no Kentucky ainda é permeada pela supremacia branca. Destaco o fato de os brancos do Kentucky preferirem vender terra para brancos de outros estados a vender terras para os negros locais. Em certos casos, os negros podem ter vindo de famílias que trabalharam por gerações em terras que pertencem a brancos, mas, quando a terra é colocada à venda, a oferta feita pelo negro para comprá-la é recusada. Sem dúvida a experiência dos negros apalaches sempre foi contestada por pessoas que conhecem muito pouco do Kentucky ou se recusam a aceitar a diversidade nessa história e os relatos verdadeiros de diversidade nessas colinas. Não tão longe de onde eu moro, no Condado de Madison, um homem negro que viveu lá a vida toda pediu a homens brancos que comprassem terras para ele, e ele pagaria de volta em dinheiro. Os poucos negros que conseguem comprar uma fazenda ou terras nas colinas acabam pagando mais do que brancos na mesma situação precisariam pagar. Antigamente, após a escravidão e a Reconstrução,[13] isso era chamado de "imposto racial" — "você pode comprar, mas vai ter de pagar mais por isso". O fato de o negro pagar mais dá uma tranquilidade ao vendedor branco racista por constatar que a supremacia branca ainda é uma realidade, já que os brancos se mostram mais espertos.

Quando comprei terras nas colinas do Kentucky, entrei como sócia oculta de um amigo branco. Não sabíamos se o proprietário seria racista, mas escolhemos não revelar nossa sociedade até que toda a transação estivesse concluída. Muitos de meus amigos e conhecidos brancos que possuem terras nas colinas do Kentucky são gays, embora não se perceba de início, e o fato de serem todos brancos torna possível se mudarem para as áreas que permanecem fechadas para os negros devido ao preconceito. Brancos liberais e progressistas que acham "legal" comprar terras próximas a vizinhos abertamente racistas não entendem que assim eles estão agindo em conluio com a perpetuação da supremacia branca. Gosto de imaginar um mundo em que pessoas não negras progressistas proprietárias de centenas de acres venderiam pequenos lotes de terra para negros e outros grupos diversos de pessoas; assim, poderíamos todos viver em comunidades amorosas que respeitam a diferença. M. Scott Peck inicia o livro *The Different Drum: Community Making and Peace* [Quem soa diferente: a formação de comunidades e a paz] com este pensamento poderoso: "É na comunidade e por meio dela

---

[13] Período da história estadunidense imediatamente posterior à Guerra de Secessão (1861-1865), com duração até 1877. [N.E.]

que está a salvação do mundo". Por definição, segundo ele, a comunidade é inclusiva.

Ao escrever sobre a questão de raça no livro *The Hidden Wound*, publicado em 1968, e novamente no posfácio à reedição de 1988, Wendell Berry nos lembra que a liberdade e a prosperidade não podem ser separadas da "questão da saúde da terra", que "a ferida psíquica do racismo resultou em feridas inevitáveis na terra, no campo em si". Minhas próprias feridas profundas, os traumas da minha infância no Kentucky, são marcadas pela interseção entre a disfunção da minha família e o transtorno produzido pelo pensamento e pela prática dominantes, o efeito combinado de racismo, sexismo e elitismo classista. Quando saí do Kentucky, esperava deixar para trás a dor dessas feridas. Aquela dor permaneceu comigo até eu começar a trabalhar a totalidade, a passagem do amor para um maior entendimento sobre mim e a comunidade. Foi o amor que me fez voltar para casa, para as colinas do Kentucky da minha infância, o lugar onde mais me senti unida com a natureza, onde me senti livre. Nesses momentos, sempre soube que eu era algo além da minha dor. Voltar ao Kentucky, fazer a parte que me cabe na minha terra natal, faz com que eu possa me apegar à vida de maneira sublime.

Todo dia olho para as colinas do Kentucky. Elas relembram constantemente as limitações e as possibilidades humanas. Foram submetidas a muita dor, e mesmo assim resistem. Apesar da devastação e das tentativas de alguns seres humanos de destruí-las, elas permanecerão. Elas vão testemunhar nossa morte. Aí está o divino, um espírito sagrado que promete a reconciliação.

05.
sentir-se plena e sagrada

Em um antigo diário, encontro as seguintes palavras, que escrevi antes de deixar minha terra natal: "Com a mente e o coração pesados, corro para as colinas". Passei anos felizes da minha infância caminhando sem destino pelas colinas. A anotação também dizia: "Nas colinas, eu me sinto em casa". Minha família vivia isolada nas colinas, cercada pela natureza, sem nenhuma outra moradia à vista. As casas dos vales próximas da nossa eram habitadas por brancos pobres, com fama de serem racistas furiosos. Eles não eram nossos amigos. A orientação era não confiar na bondade deles, caso estivessem por perto. Fomos ensinados a ver a simpatia deles como uma simples estratégia para nos atrair a uma armadilha, pois iam nos ferir, como fariam com qualquer animal capturado. Nós, crianças, sentíamos um misto de medo e fascinação pelos camponeses brancos. Alguns negros justificavam seu preconceito contra os brancos pobres dizendo que não gostavam deles tanto quanto eles não gostavam de nós, referindo-se a eles com nomes depreciativos, como pés-rapados, caipiras ou branquelos.[14] Esse desdém de

---

[14] No original, *po'pecks*, *peckerwoods* e *po'white trash*. *Peckerwood* [pica-pau] e *redneck* [pescoço vermelho] são sinônimos, formas depreciativas de se referir

alguns negros pelos brancos é, sem dúvida, um legado das hierarquias da supremacia branca.

Os brancos das classes privilegiadas desprezavam os brancos pobres que viviam à margem da sociedade, projetando sobre eles muitos dos estereótipos negativos usados contra os negros. Diziam que os brancos pobres eram ignorantes, preguiçosos, desregrados. Comentavam sobre os carros abandonados na garagem, sobre o lixo, sobre a acumulação de objetos aleatórios. Não é surpresa, então, o fato de a maioria dos negros colonizados — aqueles que pensam como os patriarcas supremacistas brancos capitalistas imperialistas — desprezar os brancos pobres, vendo-os como um exemplo a não ser seguido. Os brancos que subjugavam os pobres de todas as raças diziam aos negros que os brancos pobres eram maus, insensíveis, o tipo de gente de quem devíamos manter distância, gente que poderia contaminar outras pessoas.

Em *Where We Stand: Class Matters*, escrevi sobre como os adolescentes negros da minha geração ridicularizavam uma moça branca pobre que pegava o mesmo ônibus que o nosso para a escola. Eles a provocavam com todos os estereótipos negativos que recaem sobre os brancos pobres, gritando "Que cheiro horrível!" ou "Ela fede!". Ela foi tratada com desdém e menosprezo, foi humilhada do mesmo jeito que brancos racistas de todas as classes humilhariam os negros. Essa representação solitária da classe trabalhadora branca subia no ônibus

---

a brancos pobres, normalmente não instruídos e que vivem no campo, em alusão à típica coloração vermelha do pescoço queimado de sol. *White trash* [lixo branco] é outro termo bastante ofensivo usado para se referir ao mesmo grupo de pessoas brancas. [N.T.]

todos os dias, e quase nunca alguém se sentava ao lado dela. Se não havia assentos disponíveis ao lado de pessoas que não abusavam verbalmente dela (muitas vezes ela se sentava ao meu lado), ela ficava em pé, equilibrando os livros no braço enquanto segurava firme a barra de ferro, pois sabia que, se caísse, seus algozes se acabariam em risadas e gritaria.

Essa perseguição a uma moça branca pobre por um grupo de meninos e meninas negros revelava as profundezas do nosso racismo internalizado enquanto negros colonizados. Essa supremacia branca internalizada ensinou os negros a tratar qualquer pessoa que tenha "escolhido" conviver conosco, estar perto de nós, perto o suficiente para nos tocar, com um desprezo tão forte que beira o ódio. Essa reação revela a realidade do auto-ódio do negro. Não é possível amarmos a nós mesmos como coletivo e ao mesmo tempo odiar aqueles com hábitos e estilo de vida mais parecidos com os nossos.

Nas colinas do Kentucky onde costumava caminhar quando criança, existia integração racial. Por estar fora dos domínios da cidade, era um local de possibilidades. Quem morava ali vivia de acordo com suas próprias regras. Naquele espaço isolado, podíamos infringir as leis, podíamos ultrapassar as fronteiras. Naquelas colinas verdes e exuberantes, o lado selvagem do animal humano se expressava. Não é de espantar, então, que os brancos e os negros nas colinas sentissem medo e fascinação uns pelos outros.

Ainda há pouco material sobre a psico-história do racismo nos Estados Unidos, as marcas deixadas pelos traumas da exploração e da opressão. Quando voltei para o Kentucky e comprei um terreno nas colinas, os meus seis irmãos (quase todos moradores de áreas urbanas perigosas) ficaram apreensivos, com medo dos brancos pobres que vivem por ali. Isso me deixou surpresa, pois, até onde sei, nenhum de nós foi ferido ou atacado por brancos pobres. Mesmo assim, perpetuou-se a memória de infância sobre a pretensa hostilidade deles, marcando-os de tal forma que alguns dos meus irmãos não conseguem passar uma noite sequer nas colinas. E não são só eles: colegas afro-estadunidenses docentes na faculdade em que trabalho como professora emérita residente em Estudos dos Apalaches — instituição com uma longa história de ativismo antirracista — me alertaram usando a mesma linguagem e os mesmos estereótipos do passado, dizendo que não é seguro viver perto dos "caipiras". Mesmo não sentindo medo, admito a possível existência de alguns brancos que se ofendam com a minha presença, aqueles que ostentam bandeiras dos estados confederados do Sul e adesivos nos carros nos quais se lê "Herança, não ódio". A todos dispostos a ouvir, costumo dizer que a história da bandeira dos estados confederados do Sul evoca, na verdade, "Herança e ódio".

O ódio racial e as ações racistas provocadas por essa história não pertencem exclusivamente aos brancos pobres. Quando negros e brancos me perguntam se eu sinto medo nas colinas do Kentucky, antes de tudo pergunto a eles por que eu estaria "segura" ou "mais segura" no bairro de classe média onde tenho uma casa na cidade. Supor que o branco de classe média está "mais seguro" e tende a ser menos racista revela um preconceito de classe. Na verdade, descobri que nas vizinhanças brancas em todos os espaços privilegiados onde morei nos Estados Unidos, inclusive no Kentucky, existe preconceito racial tanto quanto em meio aos brancos pobres. É importante frisar que os que agem de forma hostil são minoria, não importa a qual classe pertençam. Além disso, nos bairros brancos, tanto pobres quanto privilegiados, percebi que, enquanto poucos praticam ataques racistas, a maioria não costuma se posicionar de forma corajosa contra esses ataques.

Ao escrever sobre a experiência de ser criado no ambiente segregado de uma pequena cidade na Louisiana, o poeta negro Yusef Komaunyaka recorda com muitos detalhes, no ensaio "Dark Waters" [Águas turvas], a atmosfera de medo e desconfiança que pairava entre brancos e negros:

> Cresci em um clima de desconfiança. Os negros não confiavam nos brancos, e às vezes era difícil fazer uma distinção entre a verdade e o mito e o folclore. Por exemplo, nenhuma pessoa negra vendia bebida alcoólica ilegal produzida em casa, mas um homem branco vendia sua bebida para os negros. Como se não bastasse vender debaixo do nariz das autoridades, também corriam os boatos de que ele adulterava seu uísque de milho misturando-o com um pouco de Red Devil Lye, produto para desentupir ralos. Acreditávamos que alguns de nós estávamos sendo lentamente envenenados. Esse é o tipo de coisa que estimulava a desconfiança. [...] "O homem branco faria qualquer coisa para manter o homem negro submisso", diziam. "Se ele não pode mantê-lo preso a correntes com a permissão da lei, ele vai encontrar alguma forma de imobilizá-lo sob seus pés". Essa era a sabedoria das pessoas da minha comunidade.

Pouco foi discutido sobre os danos do apartheid racial na psique dos negros, criando em alguns o medo patológico da branquitude, enraizado em um trauma mal resolvido, sobre como nossa psico-história, os efeitos do trauma racializado, perpetua o medo que muitos negros sentem de brancos, convencidos de que todos eles possuem uma vontade inata de nos fazer mal. Esse medo e a desconfiança profunda resultante dele são ainda mais intensos entre os pobres.

Tempos atrás, quando a segregação racial era protegida por lei, o conhecimento sobre outros grupos étnicos/raciais vinha de terceiros, ou seja, de estereótipos, fofocas e projeções fantasiosas. Hoje em dia, é pela mídia que muitas pessoas recebem informações sobre o "outro", sobre quem é diferente de si. Infelizmente, como a cultura produzida na mídia se alimenta de estereótipos e preconceitos, as informações fornecidas sobre negros e brancos pobres são, em grande parte, negativas. Ainda assim, esse conteúdo negativo não constitui um sistema fechado do pensar e do ser. Quando escolhemos prestar atenção no que é dito sobre as pessoas diferentes de nós, sejam informações positivas ou negativas, é possível despertar uma curiosidade que resulte em um contato enriquecedor. Quando meu irmão e eu passeávamos pelas colinas e encontrávamos os "caipiras" brancos, descobrimos que eles não eram todos iguais, que nem todos eram detestáveis. Mas os limites entre nossos dois mundos impediam uma possível amizade. É mesmo provável que essas impressões positivas tenham permitido que me aproximasse dos meus atuais vizinhos brancos "caipiras" com o respeito e a abertura que merecem. Da mesma forma que não fiz julgamentos precipitados a respeito dos brancos que moram na área privilegiada de minha casa na cidade, não julgo de maneira precipitada os vizinhos brancos que cercam meu lar nas colinas. Nos dois locais, eu me mantenho alerta quando necessário, pois o racismo é uma desordem sistêmica que atinge a vida de todos, sobretudo a das pessoas de cor, em algum momento.

Sobre Wilma, a moça branca pobre que pegava o ônibus com nossa turma do ensino médio, nunca soube do seu paradeiro. Gostaria muito de saber como ela está hoje, se sua vida foi marcada pela perseguição que sofreu dos jovens colegas negros no ônibus. Gostaria de saber se ela passou a nutrir pensamentos negativos contra os negros até a vida adulta. Ou se ela é como eu, que entendeu cedo as interseções de raça e classe. Gosto de imaginar que ela sabia por que estava sendo atacada e sentia pena de seus algozes, por entender como o auto-ódio internalizado dava munição aos preconceitos deles. Ao longo do tempo, ficou muito evidente para mim como uma política cultural supremacista branca separa negros e brancos sulistas que compartilham a mesma realidade de classe. Eu sentia empatia por Wilma, mas na adolescência não entendia que nossa proximidade era forjada pelos laços de uma realidade de classe compartilhada. Nós duas fomos ensinadas a pensar em raça, mas não em classe.

Quando parti das colinas do Kentucky, achei que estava abandonando o mundo difícil da supremacia branca, de ódio racial e preconceito, rumo a um ambiente mais instruído. Eu não tinha uma noção clara de que sair do Kentucky era também uma questão de mobilidade de classe. No mundo em que fui criada, onde classe e raça convergiam, eram muito limitadas as possibilidades para uma menina negra pobre da classe trabalhadora. Eu podia ser professora, empregada doméstica ou dona de casa. Se houve algum professor universitário negro em nossa cidade, desconheço. Eu não sabia que a escolha de ir do Kentucky para a Califórnia e estudar na Universidade Stanford era o início de uma jornada na qual eu não levaria a marca da classe trabalhadora, do Sul, do interior (na verdade, uma negra provinciana pobre), mas teria uma identidade geográfica neutra. Com o apagamento desses marcadores, eu estaria pronta para iniciar a mobilidade de classe que me levaria para longe e além.

Contudo, nunca consegui de fato "ir embora". Sempre imaginava o retorno às colinas do Kentucky, para encontrar lá a terra para fincar meu ser, para ser um lugar de sustentação. O cenário interno, o mundo das colinas do Kentucky, onde vivenciei a mais profunda sensação de liberdade em minha vida de menina, era o local para onde eu retornava na imaginação a fim de restaurar a alma depois de ter passado pelo exílio distante do único lugar que havia me dado uma verdadeira sensação de pertencimento. Não surpreende, então, que eu tenha voltado às colinas para recuperar essa sensação de pertencimento à terra.

Quando saí das colinas do Kentucky para frequentar uma universidade de prestígio na Costa Oeste, não sabia que, depois de mais de trinta anos, eu voltaria a morar no estado que moldara quem sou. Embora não tenha passado nem um ano da minha vida sem visitar o Kentucky, não conseguia me imaginar morando ali de novo. Toda vez que voltava para casa, a impressão era de que quase nada tinha mudado. E, em particular, o duro apartheid racial que mergulhara minha infância em medo e raiva parecia continuar imutável. Nessas visitas, eu nunca ia para as colinas. O lugar onde cresci se tornou mais um pedaço de terra destruído, violado para abrir caminho a uma nova construção. Quando voltava para casa, procurava na residência dos meus pais uma tranquilidade sacra, e raramente me aventurava por outros lugares. Vez ou outra desbravava a varanda ou o quintal. Mas não ia para as colinas. Não queria reviver a dor da despedida. Não havia dor quando me despedia da minha família. Depois de as visitas comprovarem que o meu lar no Kentucky continuava disfuncional como sempre havia sido, a paixão que me levava para lá se transformava em uma vontade desesperada de sair e nunca mais voltar. Para mim, a família sempre foi um lugar de intimidade que nos prende e nos machuca. Lá eu sonhava sempre em viver longe, e até o momento não pensava no meu regresso.

Mesmo com o passar dos anos e depois de escrever um material autobiográfico muito íntimo tendo a infância no Kentucky como incentivo e inspiração, ainda não considerava voltar a morar no meu estado natal. Retornar significaria reviver a dor e o sofrimento dos quais tentei fugir durante anos. Minha mágoa era resultado do trauma de crescer em uma família disfuncional e da dor de crescer em um mundo socialmente segregado em meio ao apartheid racial. Foi difícil encarar as políticas públicas racistas e corruptas que permitiram a devastação das comunidades negras pobres por meio do tráfico de drogas. A saída dos negros de classe privilegiada dos bairros segregados agravou ainda mais a situação dessas comunidades.

Quando estive fora do Kentucky, optei por não morar em comunidades negras segregadas. Ali, era comum a presença de pessoas conservadoras. Também optei por não viver em uma comunidade formada por brancos preconceituosos. Ao contrário, procurei lugares com diversidade étnica, racial, religiosa e sexual, bairros conhecidos por aceitar bem as diferenças. Mesmo dominados por brancos, esses lugares sempre tinham essa característica liberal e progressista. O ambiente no qual passei minha adolescência era marcado por um mundo social construído pela supremacia branca patriarcal. Então, mesmo com a existência de uma extraordinária subcultura de negritude inserida nessa norma racista e, ao mesmo tempo, separada dela, esse mundo não era feito para que negros (nem brancos, aliás) pudessem viver de maneira plena e livre. De acordo com diversos trabalhos antropológicos e sociológicos sobre a "migração de retorno" (a volta de negros do Norte para o Sul), muitos negros nascidos no Sul desejam retornar às extraordinárias subculturas nas quais cresceram, mesmo com a ameaça do racismo à moda antiga.

    Muitos desses negros sulistas procuram resgatar um sentimento de vida em comunidade, que valoriza as relações, a cordialidade, a gentileza e o cuidado mútuo, algo que permeou nossa criação. É esse senso de ética e valores que levamos conosco do Sul e tentamos manter em outros lugares. Seja na Califórnia, em Wisconsin, na Flórida ou em Ohio, as experiências da infância no Kentucky ainda eram o padrão para julgar minha qualidade substancial de vida. Como muitas pessoas vivendo no exílio (esse termo me parece apropriado, uma vez que muitos negros do Sul se sentem expulsos de seus locais de origem por causa da segregação racial perversa), era mais fácil olhar de fora para os lugares que deixamos para trás e enxergá-los de maneira mais positiva. Longe de casa, eu conseguia olhar a minha terra natal de forma diferente, separando o que era digno de valorização e estima do que me apavorava e que eu queria ver destruído. Comparo essa análise com a prática do "família vende tudo", em que todos os pertences deixam o mundo privado e são expostos ao público e as pessoas podem olhar, escolher o que querem ou não, até decidir o que levar ou o que deve ser jogado fora; longe de casa, eu era capaz de desnudar o passado e manter comigo muito do que nutria a minha alma. Também conseguia me livrar de sofrimento e dor desnecessários.

Com a ajuda de terapia e autoanálise, que abriram o caminho para mudanças na minha mente e no meu coração, comecei a reivindicar tudo que considerava precioso dos meus anos no Kentucky. Ao apreciar o que é bom, pude observar os anciões e as pessoas da minha idade que nunca deixaram o Kentucky e notar suas estratégias para levar a vida mesmo diante das imposições do patriarcado supremacista branco capitalista imperialista. Ao analisar meu passado e nossa relação com o meio ambiente, era evidente que as gerações de negros na minha terra natal haviam se esforçado para manter uma relação profunda com a terra. Na introdução da coletânea de ensaios intitulada *At Home on the Earth: Becoming Native to Our Place* [Sentir-se em casa na terra: como se tornar um nativo em nosso lugar], o editor David Barnhill começa com a seguinte declaração: "Nossa relação com a terra é radical: ela está na raiz de nossa consciência e nossa cultura, bem como de qualquer sentido de uma vida fértil e de subsistência digna". Antes de a preocupação com a terra se tornar um tema conhecido, George Washington Carver, um dos mais famosos ambientalistas negros de todos os tempos, expressava esse sentimento: "Para que serve o dinheiro quando temos toda a terra?". Carver queria que todos, mas em especial os negros, se comprometessem com o manejo cuidadoso da natureza.

Envolvido com questões de sustentabilidade muito antes de esse assunto entrar na moda, ele trabalhou incansavelmente para ensinar o respeito pela terra. Ao entender que a recusa em cuidar da terra corretamente estava ligada à vontade dos seres humanos de explorar e desumanizar uns aos outros, Carver passou a vida demonstrando como a relação dos humanos com a terra, com as plantas, poderia ser benéfica. Apesar de seus esforços, muitos negros do Sul sentiam que só alcançariam o progresso se dessem as costas para suas raízes do campo. O fim da escravidão, a migração em massa de negros do Sul rural para o Norte, o desaparecimento coletivo de negros agricultores, tudo isso produziu graves silêncios sobre nossa relação com a terra. Quebrar esse silêncio tem sido essencial para indivíduos negros do Sul comprometidos com a descolonização da mente, em especial aqueles que procuram reivindicar nosso legado de protetores da terra.

O apagamento do passado no campo, quando os negros trabalhavam a terra, quando nossa subsistência era tirada do cultivo de plantações, era uma estratégia de negar a existência de qualquer aspecto positivo da vida no Sul supremacista branco. No fim do século XIX, os mitos culturais que fizeram da liberdade sinônimo de materialismo mostravam a vida no campo como algo indigno. Os negros que abraçaram essa versão do sonho americano desejavam ardentemente, assim como seus pares brancos, abandonar o passado no campo e procurar a liberdade no Norte industrializado. A vida do negro agricultor era de trabalho árduo, em geral sem uma recompensa material significativa.

Os negros que viam no trabalho com a terra uma forma de criar raízes em um alicerce espiritual místico — como meus avós maternos e paternos — não tinham visibilidade no levante racial que privilegiava o sucesso material acima de tudo. Na época da morte de George Washington Carver, nenhuma liderança negra considerava a agricultura um meio digno de subsistência, algo que, nas palavras dele, "poderia destrancar a porta de ouro da liberdade para o nosso povo". Carver acreditava que os negros poderiam adquirir autodeterminação e autossuficiência ao viver em harmonia com a terra, mesmo que sua visão transcendental incluísse todos os povos. Para Carver, manter uma relação de cuidado com a terra e a natureza era uma forma de união com o divino. Várias vezes ele disse a seus interlocutores: "Nada é mais bonito do que a mata antes do nascer do sol. Em nenhum outro momento consigo ter um entendimento tão forte do que Deus quer de mim". Essa conexão espiritual com a terra é uma das muitas crenças contra-hegemônicas que ajudaram os negros explorados e oprimidos durante os anos da escravidão e da Reconstrução. De fato, experimentar o divino por meio da união com a natureza era uma forma de transcender a crença imposta de que a cor da pele e a raça eram os aspectos mais importantes da identidade de alguém. Depois de deixar o passado no campo, muitos negros começaram a se sentir afastados de suas raízes sulistas, da natureza. Com esse afastamento, a renovação espiritual orgânica gerada pela relação direta com o mundo natural deixou de fazer parte do dia a dia do negro comum.

Na minha infância no Kentucky, havia uma tensão enorme entre os negros que moravam no campo e os urbanos. Mesmo jovem, eu sabia que existiam conflitos entre essas duas culturas — o mundo das colinas, das florestas e do campo *versus* o mundo da cidade, da civilização, da lei e da ordem. Uma das experiências mais traumáticas da minha infância foi a mudança da minha família do campo para a cidade. Na minha mente infantil, a vida rural era sinônimo de pertencimento à natureza, liberdade, aventura, segurança; a vida na cidade era de limitação, de movimentos restritos, um espaço demasiado perigoso. A coragem e o maravilhamento que eu sentia na infância por pertencer à natureza me encheram de um poder e de uma confiança que sumiram assim que cheguei à cidade e passei a me sentir invisível, impotente e perdida. No ambiente isolado, pouco habitado e rural das colinas do Kentucky, não existia a sensação persistente de ameaça ou perigo — ninguém precisava dizer a uma criança o tempo todo que ela devia tomar cuidado, estar sempre atenta. No mundo da cidade, o perigo estava em todos os lugares. Em uma entrevista para a revista *Kentucky Living*, a escritora de romances policiais Sue Grafton relembra a infância no Kentucky dizendo que continua a "valorizar a simplicidade do mundo onde nasci", dizendo que "naquele tempo o mundo era muito mais inocente". Ela reconhece: "Tive sorte de poder ter a liberdade que tive". Experimentar a liberdade na natureza durante a infância foi extremamente empoderador.

Meu coração de criança se partiu quando deixei o campo onde me sentia segura, o campo dos dias lentos, sem movimento de pessoas, com uma quietude nunca sentida em uma cidade pequena barulhenta, cheia de passos apressados e pessoas estranhas. Viver longe do mundo natural renovador me trouxe uma sensação de perda da alma, foi uma experiência profundamente traumática. Nessa nova vida, ensinaram-me que, para desenvolver todo o meu potencial, para me tornar alguém de valor, eu precisaria deixar minhas raízes do Kentucky. No fim da adolescência, meu próximo grande passo seria pegar um ônibus e depois um avião, que me levaria para a Califórnia, o mais longe que uma menina do Kentucky poderia ir, uma menina negra com poucos recursos. Saindo de casa, eu atendia às expectativas de quem me fez acreditar que eu deveria sair do Kentucky e me tornar uma pessoa melhor, renascer. Deixar o Kentucky despertou os sentimentos mais profundos de desolação que vieram à tona quando me mudei do campo para a cidade. Em todos os lugares em que estive, em um esforço para me tornar esse ser humano "melhor" longe da minha terra natal, encarei uma cultura de narcisismo na qual as crenças espirituais e os valores éticos não significavam nada para a maioria das pessoas. Desejei muito encontrar nesses lugares os valores que havia aprendido na infância. Os valores simples fundamentaram minha vida protegida. Fui ensinada, antes de tudo, a ser uma pessoa íntegra, a amar o próximo como a mim mesma, a ser leal e a fazer da terra minha morada — e eu não sabia como viver bem em um mundo onde esses valores não significavam nada.

Minha decisão de voltar a morar no Kentucky surgiu quando passei a ter cada vez mais consciência de que tudo que me desagradava no meu estado natal (a persistência de um racismo cruel e violento no dia a dia e os pressupostos patriarcais permanentes) foi se tornando cada vez mais a norma em todos os lugares. Ao mesmo tempo, o que eu amava em minha infância ainda estava presente entre meus familiares e na comunidade do Kentucky. Mesmo idosos e frágeis, meus pais ainda se agarram à vida. Voltar a morar no Kentucky me deu a oportunidade de passar tempo com eles durante os últimos anos de suas respectivas trajetórias terrenas. Meu pai costuma dizer que os últimos anos da vida são como se "estivéssemos descendo as montanhas". No livro *Animal, Vegetable, Miracle* [Animal, vegetal, milagre], de Barbara Kingsolver, ela conta que sua família se mudou do Arizona para o interior do Kentucky por causa de muitos "motivos convencionais de realocação", mas que a proximidade dos parentes era um deles:

Ao voltar agora, meus filhos poderiam ter mais contato com os avós e os primos, sem que fosse apenas um momento de bate-volta em um feriado. Na vida adulta, nunca compartilhei uma lista telefônica com outra pessoa que tivesse o mesmo sobrenome. Agora eu poderia passar o Memorial Day[15] decorando os túmulos dos meus antepassados com as peônias do meu quintal. Tucson abriu os meus olhos para o mundo e me proporcionou uma carreira de escritora, legiões de amigos e um gosto pela extravagância sensorial dos pimentões vermelhos e pelo pôr do sol anunciado por cinco alarmes. Mas, depois de vinte anos no deserto, recebi o chamado de retorno ao lar.

Esse chamado vem quando estamos preparados para desacelerar a vida e nos estabelecer.

Como muitos que voltaram às raízes em cidades pequenas do Sul, uma das experiências mais imediatas que nos atrai é a desaceleração. Na infância, meus irmãos e eu odiávamos a lentidão lânguida do dia a dia depois de concluir todas as tarefas. Queríamos ação, movimento, a possibilidade de algo acontecer. Não tínhamos interesse em ficar parados. Na procura por um alicerce espiritual envolvendo práticas do budismo e do cristianismo em minha rotina atual, vejo a quietude como um caminho para a mente divina. Agora, quero ficar parada. Quero viver a experiência de saber que a união com o divino vem do silêncio.

Por ter voltado ao cenário do Kentucky da minha infância e, mais importante, para as colinas, retomo a compreensão

---

[15] Dia da Memória, feriado estadunidense que homenageia os militares mortos em combate. [N.T.]

suprema de que viver em harmonia com a terra renova o espírito. Para mim, voltar a morar no Kentucky foi uma jornada de retorno para onde sinto que é meu lugar. Mas também significou voltar a um lugar que precisava de mim e dos meus recursos, onde, enquanto cidadã, eu poderia estar em comunidade com outras pessoas que procuram reviver e renovar o nosso meio ambiente local, ser leais a um lugar. Ao vivermos um compromisso tanto com um lugar específico quanto com a questão da sustentabilidade, aprendemos e compreendemos que nossas vidas são interdependentes. Pensamento e ações são ratificados pelo que Wendell Berry define como

> uma inteligência ecológica: a percepção da impossibilidade de agir ou viver sozinho ou exclusivamente por conta própria, e isso, por sua vez, repousa em uma percepção da ordem da qual toda vida depende e das propriedades de lugar dentro dessa ordem.

Se simplesmente voltarmos às zonas rurais sem fechar o ciclo e abandonar as maneiras e os costumes de vida adquiridos em cidades grandes e pequenas, teremos pouco a oferecer para os lugares aos quais voltamos. Daí a importância de retornar aos lugares inesquecíveis do nosso passado com uma sensação vital de pacto e comprometimento.

De volta às colinas onde cresci, tenho a oportunidade de superar o preconceito limitador que aprendi a ter dos brancos pobres. Precisei me acostumar a observar os trailers pontilhando as encostas, olhando para mim como latas gigantes. Ir além do que se vê, ao observar o cuidado dos vizinhos em transformar essas estruturas em lares, despertou em mim empatia e solidariedade. Ao escrever sobre o significado de comunidade em *The Different Drum*, M. Scott Peck diz que a verdadeira comunidade é sempre "realista". Para ser real em uma comunidade, é necessário reconhecer e abraçar as diferenças. Peck explica:

> Pelo fato de uma comunidade abarcar membros com diferentes pontos de vista e a liberdade de expressá-los, ela acaba por apreciar a totalidade da situação. [...] Aqui cabe citar um aspecto importante do realismo de comunidade: a humildade. Se, por um lado, o individualismo inexorável leva à arrogância, o individualismo "flexível" da comunidade leva à humildade. Comece a valorizar os dons de cada um, e você vai começar a valorizar suas próprias limitações. Veja os outros compartilharem suas fraquezas e será capaz de aceitar as próprias insuficiências e imperfeições. Tenha consciência da diversidade humana e reconhecerá a interdependência da humanidade.

Esses pensamentos vêm até nós, que procuramos de verdade abraçar a comunidade, buscando viver em comunhão com o mundo à nossa volta. Infelizmente, aceitar a diversidade humana significa que devemos encontrar um jeito de nos conectar de forma positiva com pessoas que expressam sentimentos preconceituosos, até mesmo de ódio. Ao nos comprometermos a construir uma comunidade, somos chamados a um pacto de amor, de estender essa comunhão até mesmo quando enfrentamos a rejeição. Não somos chamados a fazer as pazes com o abuso; somos chamados a ser promotores da paz.

Não podemos promover a paz se não encontrarmos nossa paz interior. Para muitas pessoas carentes e marginalizadas nas colinas do Kentucky, a paz vem da sensação de pertencimento a esse lugar particular na terra, a nossas colinas e montanhas. Essa paz deve ser mantida quando vivemos em uma cultura que está em guerra diária contra nós. Assim como a prática de remoção do topo da montanha destrói e dizima esse chão sagrado, nossa alma é atacada pelo patriarcado supremacista branco capitalista imperialista. A colonização da terra do Kentucky é tão cruel quanto o ataque contra o "espírito irrefreável" do estado, proclamado pelas propagandas de turismo. Quando trabalhamos para proteger nossa comunidade e a terra — o solo onde pisamos, que sempre estará aqui —, criamos as condições para a harmonia, a amizade, a paz. Aqueles de nós que deixamos o solo do Kentucky para plantar as sementes de nossa essência em outros lugares retornamos ao estado do capim *bluegrass* porque percebemos, de longe, que aqui está a paisagem e a terra que mais nutriram e nutrem nosso espírito.

Enquanto se insiste que o mais capaz e brilhante camponês do Kentucky deve se mudar para outro lugar a fim de desenvolver seus potenciais, não há nenhuma cobrança para que esse grupo de elite volte a seu lugar de origem. Dessa forma, um grande capital humano vai embora do estado. De maneira simbólica, isso não é diferente da prática de remoção do topo da montanha. Quando decidi me mudar de volta para o Kentucky, fiquei admirada por ver muitos dos meus amigos e conhecidos urbanos expressando preocupação por eu estar indo para a floresta, para um lugar onde eu não poderia ser eu mesma, onde não poderia viver de verdade. Surpreendeu-me a presença ainda forte de tantos estereótipos negativos sobre a vida no Kentucky no imaginário geográfico nacional, os mesmos que já existiam quando eu havia saído daqui.

Eu morava em Nova York, sem sensação alguma de pertencimento, quando comecei a busca interior por um lugar. Mais de trinta anos tinham se passado desde a minha partida do Kentucky. Por isso, minha busca interior não começou com meu estado natal. Essa procura me levou a uma escavação arqueológica, na qual vasculhei as profundezas do meu ser para descobrir quando e onde eu havia experimentado essa sensação de pertencimento, quando e onde eu havia me sentido em casa no universo. Essa procura me levou de volta ao Kentucky. Mas, mesmo no meu estado natal, eu não poderia estar em qualquer lugar. Escolhi uma pequena cidade progressista onde meu eu interior pudesse viver livre. No ensaio "Local Matters" [O local importa], Scott Russell Sanders explica a importância de encontrar um lugar de pertencimento:

> É raro que alguém, por escolha própria, se estabeleça e se envolva com um lugar, a ponto de conhecer as flores silvestres, as pedras e os políticos, de reconhecer todos os rostos em volta, de sentir uma ligação com tudo que está à vista. Hoje, o desafio é estar em qualquer lugar em oposição a lugar algum, é pertencer de verdade a um lugar em particular, dedicar-se a esse lugar, tirar força e coragem dali, habitar não simplesmente uma carreira ou uma conta bancária, mas uma comunidade. [...] Uma vez que você se compromete com um lugar, você começa a compartilhar a responsabilidade pelo que acontece ali.

Embora desejasse pertencer aos muitos lugares onde morei fora do Kentucky, nunca de fato me comprometi com eles. Sempre havia a possibilidade de seguir em frente, de recomeçar.

Quando voltei ao Kentucky e me estabeleci em uma cidade pequena, soube que aquele era o fim da minha jornada em busca de um lar. Em "Settling Down" [Estabelecendo-se], Sanders conta que levou "metade da vida para perceber que o caminho mais provável ao meu lugar definitivo me levaria até minha terra de origem". E ele inclui a terra, o clima, as estações, as plantas, os animais. De forma corajosa, declara: "Não posso ter um eixo espiritual se eu não tiver um eixo geográfico. Não é possível viver uma vida alicerçada sem ter um alicerce em algum lugar". Ao conectar o lar à paz de espírito, ele nos lembra que, "ao pertencer a uma paisagem, a gente sente uma certeza, uma sensação de lar, uma união de si e do mundo". De forma eloquente, essas palavras expressam meus sentimentos sobre estar aqui, sobre a minha casa na colina e os acres à sua volta, que eu sei que vão ficar verdes para sempre, recuperados da prática de remoção do topo da montanha, sem estar dividido em lotes.

Sou chamada a usar meus recursos não apenas para recuperar e proteger o espaço verde, mas também para me comprometer com um processo de cura da montanha. Embora eu faça parte de uma longa linhagem de camponeses do Kentucky, de homens e mulheres agricultores, estou tendo que aprender a ser guardiã. E posso não ser tão habilidosa com a terra, mas, com um pouco (mais do que um pouco) de ajuda da minha comunidade, tenho trabalhado na autocura, na cura da terra, na satisfação pelo processo de unir os pedaços do mundo para que eu possa me sentir plena e sagrada.

06.
mais uma vez:
a segregação
precisa acabar

Sem dúvida, todo ensaísta tem um ou outro texto que o faz parar, pensar e pensar, perguntando-se de onde veio aquilo. É difícil explicar para não escritores que ideias, palavras, o ensaio inteiro em si, podem vir de um lugar misterioso, sair das profundezas do inconsciente, de tal forma que até o autor se espanta com o que surge. Assim, escrever é uma revelação. É um chamado e um movimento. Ilumina. Entre os meus ensaios, um que me impressionou e mexeu comigo foi "Representações da branquitude na imaginação negra", publicado em *Olhares negros*. Nele, eu quis falar sobre os traumas psicológicos causados pelo racismo. Em particular, procurei escrever sobre como os negros que vivem o apartheid racial começam a sentir medo da branquitude, a enxergá-la como algo terrível. Quando a luta pelos direitos civis despertou a atenção nacional para a questão da integração racial, indivíduos brancos racistas compartilhavam com frequência seu "íntimo" conhecimento sobre os negros, dizendo publicamente que "as pessoas de cor gostam de ficar só entre elas". Mas ninguém nunca levantou a questão do trauma, nem ponderou que talvez os negros ficassem juntos e quisessem se manter longe dos brancos devido ao sofrimento causado pela exploração e opressão implacáveis que eles nos impuseram.

A forma monstruosa como brancos racistas infligiram e continuam a infligir dor e sofrimento aos negros nunca será registrada ou reconhecida por inteiro. Vemos nesses livros de mesa modernos, enormes, lindos e caros, imagens estilizadas dos linchamentos brutais, e é como se essas atrocidades do passado fossem apenas isto: algo que acabou. Assim, nega-se o legado traumático ainda presente nas terríveis imagens dos ataques perversos de ódio causados por corpos brancos poderosos contra corpos negros desamparados. Nossa nação é capaz de reconhecer a possibilidade de que os judeus que não chegaram nem perto do holocausto, mas cujos parentes, amigos e conhecidos foram assassinados, sofram de transtorno de estresse pós-traumático, tenham medo do "outro alemão", de criar vínculos fora de seu grupo, e às vezes sintam o temor incapacitante de que tudo aconteça de novo. Mas foi apenas nos últimos anos que uma pequena minoria de pensadores na comunidade da psicologia e de outras áreas começou a reconhecer que os negros submetidos à dor da exploração e da opressão racistas pudessem estar traumatizados. E que, mesmo depois do fim dos incidentes, as vítimas talvez sofressem de estresse pós-traumático.

O medo de sofrer abuso racista tem mantido os negros há muito tempo confinados em bairros e relações sociais segregadas, apesar da aprovação das leis antidiscriminação e da integração racial. Por ter crescido durante a segregação racial, eu me sentia "segura" em nossos bairros negros. As pessoas brancas representavam perigo, sobretudo os homens brancos. Toda menina negra em nossos bairros segregados sabia que não deveria ter nenhuma interação com homens brancos, porque era muito provável que eles tivessem a intenção de nos violar de algum jeito. Uma vez que a violação sexual era uma forma de ataque racista perpetuada por homens brancos, da qual tínhamos medo, era evidente que os brancos, muitas vezes por capricho, humilhavam e envergonhavam negros, seja por abuso verbal agressivo (nos chamando de apelidos racistas horríveis), seja por ataque físico flagrante. Nos tempos da segregação racial legalizada, nenhuma pessoa negra podia se defender contra a violência de uma pessoa branca sem sofrer represálias severas. Como resultado, as crianças negras que viviam em meio ao apartheid racial eram sistematicamente ensinadas a temer brancos e a manter distância deles.

Embora morássemos em bairros segregados, havia alguns negros na cidade que moravam perto dos brancos. Nossa avó materna, Sarah Oldham, vivia em um bairro de brancos. Para visitá-la, tínhamos de andar por lugares cheios de brancos racistas que gritavam insultos e zombarias contra nós. Nem preciso dizer que, para nós, crianças, percorrer esses espaços era assustador e estressante. Mesmo passando por casas de brancos amigáveis sentados na varanda, havíamos sido educados a enxergar a amabilidade dessas pessoas como uma isca, uma armadilha na qual seríamos pegos e feridos. Fomos ensinados a ficar sempre alertas em relação às pessoas brancas, mas não a enxergar todas como "malvadas". Aprendemos que havia brancos bons e gentis, mas eram raros. Conhecer a adversidade causada pela agressão da supremacia branca ainda jovens contribuiu para que muitos de nós crescêssemos com estresse pós-traumático. Se não fosse esse o caso, indivíduos negros nunca teriam adquirido a capacidade de viver de maneira harmoniosa entre pessoas brancas. Ainda assim, muitos negros sofrem de transtorno de estresse pós-traumático como resultado da exploração e da opressão atuais. Essa dor costuma ser ignorada em nossa cultura.

Não existe nenhuma prática psicológica focada especificamente na recuperação de alguém oprimido pelo racismo. Na verdade, nossa sociedade foi para o lado oposto. Muitas pessoas em nossa nação, em especial os brancos, acreditam que o racismo acabou. Assim, quando os negros tentam dar voz à dor do racismo que sofrem, somos acusados de usar a raça para "vitimização". E existem poucos, se existem, espaços públicos onde os negros podem expressar seu medo da branquitude, seja esse medo gerado por um estado de espírito racional ou irracional. Por outro lado, o medo que brancos sentem da negritude costuma ganhar atenção. Uma pesquisa psicológica indica que a maioria dos brancos estadunidenses reage negativamente a imagens da negritude. Em *Uma vida que vale a pena*, livro de Jonathan Haidt, o autor chama a atenção para esse preconceito implícito: "Pesquisadores descobriram que norte-americanos de todas as idades, classes e filiações políticas reagem com certa negatividade a rostos negros ou outras imagens e palavras associadas com a cultura afro-americana". Estadunidenses brancos que se consideram não preconceituosos costumam compartilhar dessas mesmas reações. A história do apartheid racial desde o fim da escravidão até os dias de hoje tem como foco a questão da integração, em especial a integração social, a habitação e as relações familiares interpessoais. Hoje, em nossa cultura, a força de trabalho é integrada racialmente, as pessoas de cor (sobretudo negros) e as brancas trabalham lado a lado, muitos até compartilham o almoço, mas quase nunca essa integração racial se estende para a vida além do trabalho. A maioria dos brancos e negros vive de forma segregada em nosso país.

Estudos relacionando raça e propriedade imobiliária mostram que a habitação é uma arena onde a discriminação racial continua sendo a norma. Em *Words That Wound* [Palavras que machucam], os juristas Mari Matsuda e Charles Lawrence discutem a realidade de como o racismo molda a "geografia suburbana", afirmando que, "enquanto a segregação residencial diminui para a maioria dos grupos raciais e étnicos com mais educação, renda e status profissional, o mesmo não ocorre com afro-estadunidenses". Em seu trabalho sobre raça e moradia, o cientista político Andrew Hacker joga luz sobre o fato de que mesmo brancos liberais e progressistas ficam preocupados quando notam que mais proprietários negros estão se mudando para os bairros que consideram "deles". No livro *Two Nations* [Duas nações], ele enfatiza que uma família negra pode ser aceita em uma vizinhança predominantemente branca, porém mais de uma família é considerada uma ameaça. É claro que a maioria dos proprietários brancos insiste em dizer que a questão não é racial, mas econômica; eles se preocupam com a desvalorização de sua propriedade. Dentro do sistema da supremacia branca, quanto mais negro um bairro se torna, maior a probabilidade que uma propriedade dessa zona seja considerada menos valiosa pelos corretores de imóveis, que costumam ser brancos.

Hoje em dia, em círculos de negociação imobiliária, vendedores e compradores evitam falar sobre zoneamento econômico racial em habitação. Já que em média as famílias brancas ganham mais dinheiro do que as de pessoas de cor ou negras, alguns bairros automaticamente serão brancos por causa dos altos preços. Em Berea, a pequena cidade de maioria branca onde moro, não há histórico de segregação racial em habitação. Ao contrário, o fundador da cidade, John Fee, e seus cidadãos se comprometeram com o projeto de acabar com o racismo e a segregação habitacional. No início do desenvolvimento das cidades no fim do século xix, os cidadãos tinham de assinar um acordo reforçando esse compromisso, que declarava publicamente sua vontade de viver próximos a um vizinho branco ou negro. Logo que me mudei para Berea, eu, como outros negros antes de mim, queria ver os "bairros negros". Fiquei espantada por ouvir, muitas vezes, que Berea de fato não tinha bairros negros; por causa do histórico de antidiscriminação na moradia, os negros poderiam morar onde quisessem. Esse é um dos aspectos que fazem de Berea um ótimo lugar para viver.

Infelizmente, nos últimos anos, a construção de casas a preços exorbitantes criou bairros segregados brancos, nos quais a presença de pessoas de cor com frequência não é bem-vinda e cujos residentes não optariam por morar entre negros em lotes integrados. Muitas dessas comunidades brancas segregadas (se não todas elas) são empreendimentos recentes, e, às vezes, proprietários em potencial são vetados por associações e conselhos antes mesmo de comprar uma casa nesses locais. Esse é o cenário perfeito para a discriminação. O princípio básico de muitos empreendimentos novos, em particular os condomínios fechados, é a noção de exclusão e exclusividade, que mantém elementos indesejados para fora — o que frequentemente significa pessoas da classe ou da cor errada. É claro que muitos dos residentes dessas comunidades podem argumentar que sua escolha de moradia não é influenciada pelo preconceito racial, porque eles não são racistas, mas, sim, por um desejo de conforto e segurança.

Ao escrever sobre o fato de a maioria dos brancos ser educada para ignorar como o racismo afeta sua vida e como esse grupo contribui para a continuação do racismo e, por consequência, da segregação, Peggy McIntosh argumenta:

> Enquanto pessoa branca, percebi que aprendi sobre o racismo como algo que coloca outros em desvantagem, mas fui ensinada a não enxergar um de seus aspectos resultantes, que é o privilégio branco que me coloca em vantagem. [...] Na minha classe social e no meu ambiente, eu não reconhecia a mim mesma como racista porque aprendi a enxergar o racismo somente em atos individuais de maldade conduzidos por membros do meu grupo, nunca em sistemas invisíveis que conferem uma natural dominação racial ao meu grupo desde o nascimento.

O estadunidense médio nunca reflete sobre estar apoiando a discriminação racial quando o assunto é moradia, nunca questiona suas escolhas de morar em comunidades brancas segregadas.

Como resultado da luta pelos direitos civis na década de 1960, alguns indivíduos brancos e negros liberais se mostraram preocupados com a questão da segregação habitacional e procuraram lugares para tentar criar comunidades diversas e amorosas. O foco no fim da segregação, desacompanhado de pensamento e comportamento antirracistas, não ajudou a criar um contexto seguro, no qual o vínculo entre raças poderia ser visto tanto como necessário para o progresso quanto como algo convidativo. Quando deixei minha terra natal e o apartheid racial que caracterizava todos os aspectos da vida social por lá, sobretudo a habitação, decidi que não queria morar em bairros brancos: queria viver cercada por grupos diversos de pessoas interessadas em criar um ambiente antirracista e integrado. Quando migrei para a Costa Oeste para estudar na

Universidade Stanford, me vi cercada de pessoas com pensamento semelhante ao meu. A energia antirracista dos anos 1960 tinha impactado a todos nós. Queríamos formar comunidades de amor e esperança. Esse sentimento coincidia com a ideia de viver de forma simples. Tirar o sustento da terra, viver com menos, era algo considerado vital para a sobrevivência do planeta. Naqueles dias, muitos de nós ou viviam em espaços muito pequenos, ou em grandes casas com muitas outras pessoas. Por causa de suas convicções sobre democracia e antidiscriminação habitacional, alguns eram contra a ideia de posse e propriedade privada. Ainda assim, nenhum desses estilos de vida da contracultura foi capaz de mudar a essência do patriarcado supremacista branco capitalista imperialista. Nem é preciso dizer que os valores e os hábitos alternativos cultivados durante esse período de revolta contra o pensamento e a cultura dominantes não duraram muito.

Ao mesmo tempo que muitos radicais e liberais dos anos 1960 e 1970 mantinham uma visão progressista sobre suas disposições antiguerra e ideias relacionadas à igualdade de gênero, eles se tornaram mais conservadores quanto às questões de habitação e propriedade. Com o envelhecimento desse grupo de pessoas, muitas das quais herdaram a propriedade e a riqueza de familiares conservadores, elas se tornaram mais conservadoras em termos econômicos. E, quando a questão era habitação e imóveis, os padrões de discriminação e segregação eram reforçados mesmo com a integração racial já estabelecida. A posse de imóveis durante o *boom* imobiliário dos anos 1980 e 1990 foi uma das maneiras mais rápidas de obter lucro ou, em alguns casos, uma riqueza não merecida. Grupos de brancos liberais e progressistas que militavam pela habitação integrada no passado começaram a se sentir mais confortáveis em comunidades total ou predominantemente brancas.

Ao viver em grandes cidades e assistir à gentrificação imobiliária, qualquer observador pode testemunhar o processo no qual grupos de brancos mais progressistas compram casas em bairros habitados em sua maioria ou totalidade por pessoas de cor/negras. Os brancos "descolados" afirmam que a mudança para tais bairros seria um gesto de solidariedade, de abertura à diversidade. No entanto, a presença deles costuma aumentar os preços e encarecer os impostos sobre as propriedades. Além disso, eles costumam ser provenientes de classes privilegiadas. Em vez de trazer diversidade, sua presença acaba expulsando as pessoas de cor desprivilegiadas. E, mesmo quando pobres têm a posse do imóvel em áreas gentrificadas, raramente conseguem vender suas casas por valores altos e se mudar para qualquer outro lugar. O custo elevado da habitação impossibilita o lucro no caso de venda da propriedade e, ao mesmo tempo, a compra de uma casa melhor do que a que estão deixando para trás, ou mesmo parecida. Não importa a renda das pessoas de cor, sobretudo negras: nossa presença crescente em qualquer bairro não eleva o valor da propriedade. Enquanto existem muitos lugares em que a entrada de residentes negros provoca uma fuga dos brancos, não existe nenhum caso em que a presença de novos vizinhos negros aumente de forma substancial o valor da moradia.

Em várias partes dos Estados Unidos onde morei, os bairros que escolhia começavam com integração racial e diversidade étnica; entretanto, assim que aumentava a presença de brancos de classes privilegiadas, eles se tornavam cada vez mais embranquecidos. Quando me mudei para Nova York, fui morar no West Village por causa da diversidade de raça, classe e orientação sexual dos moradores. No entanto, à medida que o valor das propriedades subia, não só a cultura da branquitude abastada de classe privilegiada se tornou dominante, mas também aqueles de nós considerados "diferentes" passaram a ser (e são cada vez mais) vistos como intrusos indesejados. É difícil para a maioria das pessoas enxergar as manifestações veladas da supremacia branca. Esse parece ser o caso da questão habitacional. Consumidores brancos que se consideram antirracistas raramente contestam sua escolha de morar em bairros brancos. Não pensam por que se sentem mais confortáveis cercados apenas de vizinhos brancos, mesmo quando não têm muita coisa em comum com essas pessoas. Muitos negros podem justificar a escolha por bairros segregados usando como argumento os preços mais baixos, além de se recusarem a viver com medo, cercados de pessoas que os odeiam e os ameaçam.

Embora eu me sinta mais feliz em bairros onde haja diversidade, sei que, quando sentimentos antirracistas dominam, a cor do vizinho não importa. Na cidade do Kentucky onde cresci, o intenso apartheid racial e o medo disseminado dentro da comunidade negra — o medo de sermos feridos por brancos caso nos aventurássemos em seus bairros — me fizeram sair de lá. Eu não queria que esse medo determinasse meus movimentos e minhas relações sociais. Não queria ver toda pessoa branca como um inimigo em potencial. Apesar de ter vivido a maior parte da minha vida fora do Kentucky na Califórnia e na cidade de Nova York, considerados lugares progressistas, em bairros onde a integração racial era a norma aceita e desejada, às vezes eu voltava para casa e encontrava as mesmas fronteiras racistas, como se nada tivesse mudado.

E, mesmo quando alguns negros se aventuravam saindo de nossos mundos segregados para as áreas de maioria branca, eles enfrentavam hostilidade e indiferença de vizinhos brancos. O trágico é que certas normas sociais criadas pelo racismo e pela supremacia branca, que continuavam intactas no Kentucky, começavam a se espalhar por outros lugares.

Ainda que a segregação não seja mais uma norma imposta por lei, em muitos lugares o separatismo é uma regra velada e aceita. Muitos negros decidem se manter segregados e, assim, permitem inconscientemente que brancos racistas perpetuem a segregação racial no contexto da habitação. Em 1995, ao falar sobre a importância de continuarmos a ver a segregação como uma questão política a ser discutida com seriedade caso queiramos que um dia o racismo chegue ao fim, Colin Powell fez um comentário muito perspicaz:

> Somos uma nação de oportunidades ilimitadas e sérios problemas sociais não resolvidos; e estamos todos juntos nisso. A segregação racial só pode nos levar a uma desintegração social. Ou melhor, vamos retomar o sonho de Martin Luther King Jr.: construir uma nação onde brancos e negros sentem lado a lado na mesa da irmandade.

A política identitária liberal, embora em geral usada como base para a organização de grupos que pleiteiam direitos civis, trouxe consigo a ênfase em manter lealdade a um grupo racial, étnico ou social que às vezes remete ao pensamento supremacista branco de permanecer dentro do seu próprio grupo. Isso criou um paradoxo no qual pessoas não brancas argumentam que o fim do racismo é essencial, enquanto insistem na primazia da lealdade à sua raça. De certa forma, as pessoas de cor que se mantêm segregadas estão em conluio com as mesmas forças do racismo e da supremacia branca que, segundo elas, devem acabar. O racismo nunca vai acabar se a cor da pele de qualquer pessoa continuar sendo o fundamento de sua identidade.

Quando nosso compromisso é com o antirracismo, a cor da pele é colocada em sua perspectiva correta. Torna-se apenas mais um aspecto da identidade de alguém, não o central. Como qualquer negro criado em um mundo segregado que passou por ataques raciais, embora de menor gravidade, durante meus primeiros trinta anos de vida me sentia mais confortável em ambientes majoritariamente negros. Conforme fui entendendo mais a estrutura do racismo e da supremacia branca, eu me desafiei a examinar de forma crítica por que me sentia "mais segura" e mais compreendida em espaços negros, ou por que automaticamente compartilhava uma sensibilidade em comum ali. Eu queria estabelecer uma coerência entre minhas ações envolvendo raça no dia a dia e minha convicção antirracista de que, para acabar com o racismo, todos nós precisaríamos parar de superestimar a raça. Tive de reconhecer que estar entre negros submetidos ao racismo internalizado é tão perigoso quanto estar entre brancos racistas. Tive de reconhecer que o ideal seria viver entre grupos de pessoas comprometidas com uma vida antirracista. Quando a formação de um vínculo depende de uma militância antirracista, somos sempre lembrados a olhar além da cor da pele e reconhecer o conteúdo de nosso caráter.

Ao escolher retornar à minha terra natal, tive de examinar mais uma vez meu comprometimento com o fim do racismo. Voltar ao Kentucky nunca esteve em meus planos até o dia em que vim dar uma conferência no Berea College. Nunca havia sentido vontade de voltar à minha cidade natal, porque a segregação e o separatismo raciais continuam sendo uma realidade ali. É irônico eu ter crescido a menos de quatro horas de Berea, que faz parte do Kentucky, e nunca ter ouvido nada sobre esse lugar ou sua história. Então, há mais de dez anos, o programa de estudos sobre mulheres daqui me convidou para uma palestra. Quando aceitei, me enviaram informações sobre a faculdade e sua história. Descobri uma cidade em pleno Sul, no Kentucky, projetada dentro dos princípios do antirracismo. E que esse projeto se tornou um manifesto em 1855. O visionário fundador tanto da cidade quanto da faculdade, John Fee, foi um homem branco cristão abolicionista que acreditava profundamente que "somos todos feitos do mesmo sangue". Muito antes de ser moda falar de raça como uma construção social, muito antes de ser comprovado pela ciência que não há base genética para a diferenciação racial, muito antes de o conhecimento público sobre transplante de órgãos mostrar que o corpo humano por dentro é exatamente o mesmo não importa a raça, muito antes de Martin Luther King pregar a importância da construção de uma comunidade amorosa, Fee e seus apoiadores fizeram tudo isso, criando um ambiente utópico antirracista no qual brancos e negros poderiam viver juntos em paz e harmonia.

Impressionada com a história de Berea e com a postura visionária de John Fee — postura essa colocada em prática com a cooperação sincera de pessoas que pensavam como ele —, eu quis fazer parte da manutenção desse ousado legado. Como muitos antes de mim, fiquei maravilhada com o fato de Fee ter criado uma universidade filantrópica gratuita, na qual negros e brancos, homens e mulheres, pudessem se relacionar como iguais e aprender e viver juntos tanto na faculdade quanto em comunidade. A doutrina antirracista como alicerce tanto filosófico quanto espiritual do conceito "somos todos feitos do mesmo sangue" é um constante lembrete desse legado. Infelizmente, a visão de Fee deu tão certo que políticos supremacistas brancos intervieram, tornando ilegal o projeto inter-racial da faculdade. Por muitos anos até a era dos direitos civis, a visão progressista antirracista de comunidade amorosa foi reprimida em Berea. Mas o poder dessa visão ousada foi mantido e, como uma semente plantada na terra, continua a dar frutos, mesmo depois dos anos em que foi traída e enfraquecida. Como consequência, o ousado legado de uma comunidade amorosa antirracista não é hoje nem de perto o que era na época de Fee, mas por aqui ainda há muita gente comprometida com o fim do racismo e com a criação de uma comunidade capaz de proporcionar um lar duradouro.

Quando visitei o Berea College há alguns anos para a palestra, fiquei impressionada com a faculdade e a cidade. Mais uma vez, como outros antes de mim, quis vir para cá e trabalhar na faculdade para tornar público esse desejo. Na primeira palestra que dei na faculdade, falei sobre o intenso apartheid racial que fez parte da minha infância no Kentucky. Falei sobre a relação entre racismo e habitação, revelando que até hoje muitos brancos racistas não vendem terras para negros, mesmo que estes tenham trabalhado em tais terras por gerações. Chamei a atenção para o fato de que pessoas brancas de todas as partes do país compram terras no Kentucky e não enfrentam a discriminação que ainda impede muitos negros daqui de possuir terras no estado. Durante a palestra, confessei que a persistência das práticas cruéis de racismo no dia a dia tornou impossível para mim pensar em morar novamente no Kentucky. À época, o público era formado, em sua maioria, por pessoas progressistas ávidas por dizer que Berea tinha uma história diferente da que eu estava contando. Sem dúvida, as pessoas que conheci em minha primeira visita — quase todas brancas — pareciam tão comprometidas quanto John Fee com a criação de uma comunidade amorosa. Nessa primeira visita, decidi voltar para o Kentucky, agora que havia descoberto um lugar progressista em meu estado natal.

Para mim, poder voltar à minha terra natal, morar e trabalhar em uma cidadezinha progressista no Kentucky, era um milagre. Infelizmente, durante os anos em que as agressões racistas levaram a uma mudança na progressista política pública antirracista local, muitos residentes negros deixaram a cidade. Apesar de a visão de uma comunidade inter-racial ainda ser muito ativa em Berea, a população de negros adultos na cidade é pequena. A faculdade desperta o interesse de negros mais jovens, mas a cidade não oferece oportunidades de trabalho suficientes para atrair muitas pessoas de cor. Berea é uma cidade pequena. Muitos dos habitantes idosos — brancos e negros, embora estes em menor quantidade — se recordam de como a vida era "antes", quando todos os bairros da cidade eram racialmente integrados. Hoje em dia, a cidade é de maioria branca. Mesmo assim, a presença negra é visível. Para mim, ver outras pessoas da mesma cor que a minha dá uma sensação de afirmação. Como a presença de uma pessoa negra sozinha não define a integração nem muda a ordem da supremacia branca, é importante que todos em nossa comunidade sejam antirracistas. Felizmente, muitos habitantes brancos de Berea mantêm seu posicionamento antirracista no dia a dia. Isso não quer dizer que a faculdade e a cidade estejam fazendo tudo a seu alcance para restaurar a visão de uma vida inter-racial, de uma comunidade amorosa; mas significa que o alicerce dessa comunidade está estabelecido.

Por causa da história de Berea, ali não senti a ansiedade gerada pela consciência da discriminação racial como em Nova York ou na Califórnia. Sem dúvida, se eu tivesse procurado uma casa para morar na maioria dos outros lugares no Kentucky, manteria uma vigilância crítica sobre a permanente discriminação racial no mercado imobiliário. De todas as esferas da vida para as quais foram implementadas políticas de integração racial nesta nação, como o ambiente de trabalho, comércio, clubes e restaurantes, espaços onde as leis dificultaram a discriminação, o sistema de habitação continua sendo um dos espaços em que é quase impossível "provar" a discriminação — e no qual as políticas supremacistas brancas, a exclusão racial e a segregação continuam na ordem do dia. Isso é muito evidente considerando que comunidades fechadas, associações de condomínios e cooperativas têm o direito de entrevistar candidatos e reprová-los por diversas razões.

Como mulher negra e solteira, ao procurar casas em Nova York, em tese um dos lugares mais progressistas do nosso país, ouvi a confissão de que minha mudança havia sido reprovada por diferentes conselhos, mas não exatamente por minha causa: a preocupação deles era com quem poderia vir me visitar (ou seja, homens negros). Em um caso específico, me pediram que eu não dissesse na entrevista que tinha um parceiro negro. Expliquei que não poderia fazer isso, pois não seria justo colocá-lo na posição de ser sempre tratado com suspeita e hostilidade. Foi irônico demais dar de cara com a discriminação racial em plena cidade de Nova York, décadas depois do movimento pelos direitos civis. Nessa cidade incrivelmente diversa, os estereótipos raciais e a segregação que me fizeram sair do Kentucky continuavam vivos e fortes.

As injustas condições de discriminação racial enfrentadas na minha infância e adolescência estão se espalhando por todos os cantos do país. É óbvio, então, que me senti muito sortuda por encontrar uma cidadezinha no Kentucky onde não precisaria ter medo do separatismo racial ao procurar uma casa. O entendimento visionário de John Fee — de que resistir ativamente à segregação dos bairros, recompensando as pessoas que decidissem pela integração, levaria ao fim do racismo no mercado imobiliário — provou-se verdadeiro. Sem dúvida, ele ficaria consternado ao ver como a expansão de novos loteamentos caríssimos está criando uma forte segregação racial e uma exclusividade contra as quais ele e seus aliados tanto lutaram.

Mesmo morando em um bairro de maioria branca em Berea, já que a cidade não é tão integrada quanto a faculdade, nunca sinto medo. Embora não conheça muito bem a maioria dos vizinhos, o que me importa é que muitos dos brancos ao meu redor mantêm seu comprometimento com o fim do racismo. E, no que diz respeito à habitação, seu posicionamento é o de recusar qualquer discriminação ou segregação. As pessoas brancas que amo — em especial meus amigos militantes, gays ou héteros, que vivem fora da cidade, nas colinas — se dedicam de maneira fervorosa (tanto quanto eu) a contestar a cultura dominante e a lutar pelo fim do racismo. Elas estão abertas ao desafio. Diante do meu questionamento sobre por que aceitam estar rodeadas apenas de vizinhos brancos, entre eles alguns supremacistas brancos, elas me dão uma resposta significativa.

Elas não seguem a mesma diretriz de John Fee e optam por vender ou doar terrenos a pessoas de cor como uma contestação radical à supremacia branca. Nos últimos anos, envolvendo-me em negociações imobiliárias, tenho observado que, não importa a inclinação política das pessoas, à direita ou à esquerda, a maioria se mantém conservadora com relação a terras e propriedades. Muitas não estão dispostas a fazer de sua vida e de seu dia a dia uma prática real de contestação do racismo.

Para garantir que minha conduta ofereça uma visão alternativa, que desafie todos os dias a discriminação no mercado imobiliário, tenho comprado casas para compartilhar com outras pessoas, chegando mesmo a doá-las. Até agora, os negros que convidei para morar em nossa comunidade relutam em vir para cá. Parentes que passam por dificuldades econômicas em outros lugares, onde o pouco que ganham é gasto quase exclusivamente com moradia, justificam a recusa com motivos como "cidades pequenas são chatas" ou "não há negros o suficiente em Berea". Uma das minhas irmãs que mora em uma cidade de maioria negra nos Estados Unidos diz que gosta de me visitar aqui em Berea, mas não quer morar em um lugar "onde não há negros o suficiente". Esse comentário me fez pensar: qual quantidade de negros seria suficiente? Então perguntei a ela: "Se você pudesse escolher entre viver em uma comunidade de maioria branca com uma população negra relativamente pequena, onde negros e brancos são antirracistas e se importam uns com os outros, ou viver em uma cidade predominantemente negra onde a maioria dos negros reproduz o racismo e não se importa nem consigo, nem com os outros, onde os poucos brancos presentes são muito mais racistas ou sentem medo dos negros, qual seria o melhor lugar para morar?". Quis saber dela e de outros negros se seria melhor viver em uma comunidade com cinco vizinhos negros empoderados ou com cinquenta negros sem autoestima. Esse é um caso em que a política identitária nos desvia do nosso caminho, nos faz abrir mão do bem-estar em prol de uma falsa sensação de segurança que se baseia, no fim das contas, em noções defendidas pela supremacia branca de que estaremos mais seguros em lares cercados "dos nossos".

Quando os negros deixarem de reproduzir o racismo, saberemos que será possível amar a negritude e abraçar a integração racial. Essa lealdade cultural não precisa nos cegar diante da necessidade de reconhecer e viver além desses limites artificiais definidos pelas noções racistas de raça. Enquanto as pessoas negras acreditarem estar seguras apenas em espaços segregados, a supremacia branca se fortalecerá. Hoje em dia, muitos negros sentem que a supremacia branca é tão forte que não pode ser de fato desafiada. Ao mesmo tempo, acreditam que pessoas brancas apegadas a convicções racistas (às vezes de forma inconsciente) nunca vão mudar. Enquanto houver pessoas brancas negando que poder, privilégio e bem-estar material são atribuídos às pessoas com base em raça, é compreensível que os negros não se sintam "seguros" entre brancos em muitos contextos sociais. É evidente que a autossegregação é uma forma de evitar agressão e exploração baseados em raça. Pouquíssimo foi escrito sobre como hábitos racistas transformam de infinitas maneiras os negros em possíveis alvos cotidianos de discriminação, exploração e, em casos extremos, agressões racistas. Ainda não se sabe se os negros se sentem melhor sendo explorados ou ofendidos por outros negros do que por pessoas de outras raças. No entanto, é certo que o transtorno de estresse pós-traumático costuma levar indivíduos negros a sentir tensão, ansiedade e medo na presença de pessoas brancas, mesmo diante daquelas bem-intencionadas.

Moradora de um bairro de maioria negra, minha irmã mais nova, G., tem uma experiência positiva por viver entre negros de diversas classes sociais, bem como o lado negativo de vivenciar uma cultura de violência na qual negros delinquentes aterrorizam outros negros sem serem punidos por isso. Mesmo sabendo por experiência própria que não está "segura" com alguém apenas pelo fato de essa pessoa ser negra (ela e pessoas de seu círculo social já foram ameaçadas dentro dessa cultura de violência intrarracial), ainda assim G. se sente mais confortável em contextos segregados, total ou majoritariamente negros. E não é a única a se sentir assim. Essa forma de pensar é o modelo conservador aprendido com a política identitária que, embora útil nos períodos de extrema opressão racial como base da solidariedade negra e do protesto organizado, enfraquece a luta atual pelo fim do racismo. Entender isso não significa que, como negros vivendo dentro do sistema político do patriarcado supremacista branco capitalista imperialista, não devemos nos manter vigilantes de forma crítica em encontros sociais com pessoas brancas que não desconstruíram seu racismo. Significa, isso sim, que devemos também aprender a estender nossa confiança não só a pessoas brancas mas também a qualquer grupo não negro.

A opinião sobre raça não é uma unanimidade entre pessoas brancas; de fato, existem pessoas brancas que se dedicam à erradicação do racismo tanto quanto qualquer negro antirracista. Estereotipar todas as pessoas brancas, enxergando-as como uma ameaça em potencial, é tão desumanizador quanto julgar todos os negros com base em padrões definidos por estereótipos racistas negativos.

Claro que ainda é responsabilidade dos cidadãos brancos a tarefa de desconstruir e enfrentar os padrões de pensamento e comportamento racistas que vigoram em nossa sociedade. No entanto, se brancos e negros não permanecerem igualmente atentos à necessidade contínua de contestar a segregação racial e trabalhar por uma sociedade integrada livre da supremacia branca, nunca viveremos em uma comunidade amorosa. Em meados da década de 1960, Lerone Bennett Jr. previu que chegaria o momento em que os cidadãos deste país teriam de decidir entre a concepção estadunidense de democracia e o fascismo. À época, ele destacou que:

> Uma comunidade de verdade tem como base a reciprocidade emocional e a relação entre indivíduos que compartilham a mesma visão sobre as possibilidades e potencialidades do ser humano. A realidade das relações raciais nos Estados Unidos é que brancos e negros não pertencem à mesma comunidade.

Hoje, nos Estados Unidos, pessoas de todas as cores sentem falta de uma sensação de "pertencimento", tanto a um lugar quanto a uma comunidade. Assim, muitas ainda desejam pertencer a uma comunidade, e é nesse anseio que encontramos o lugar da possibilidade, o lugar onde podemos começar, enquanto nação, a imaginar mais uma vez a construção de uma comunidade amorosa.

Isso faz de Berea um dos melhores lugares para viver, porque de fato temos uma comunidade aqui e muitos de nós estamos comprometidos com a luta pela justiça social e pelo fim da segregação racial. Depois de morar alguns anos na zona urbana, decidi encontrar para mim um lugar nas colinas, não muito longe da cidade, para sonhar, escrever, me refugiar. Quando encontrei a área perfeita, terreno montanhoso, muitas árvores, uma ótima casa já construída, não fiz minha oferta antes de perguntar sobre a visão de raça das pessoas à minha volta, os brancos que moravam nos trailers, que talvez não fossem receptivos à minha presença. Para começar, eu me encontrei com o homem branco "caipira" responsável por aquele refúgio nas montanhas. No primeiro encontro, levei comigo uma amiga branca mais velha, só para o caso de E. não ser muito amigável. Estávamos atrasadas, mas mesmo assim houve uma aceitação à primeira vista. Aparentemente, os brancos liberais que construíram a casa não tinham certeza se aquele "caipira" gostaria de trabalhar com uma mulher negra, então eles já o tinham informado sobre minha cor. Ele não se mostrou preocupado.

Gosto de compartilhar a história de meu encontro com E. porque, para mim, nosso trabalho em conjunto, a amizade construída, os esforços dos dois lados para enfrentar nossas diferenças e resolver conflitos foram incentivos para que eu explorasse noções mais profundas de raça e classe, de supremacia branca, de vínculos além das diferenças. Isso me fez reexaminar meu passado em relação aos camponeses brancos, os primeiros vizinhos que tive na infância. Naquela época, nos diziam que eles odiavam os negros e, por isso, deveríamos ficar longe deles. Não importava se fossem simpáticos e gentis; essa aparência de bondade era só uma máscara que escondia suas horríveis intenções. É claro que ocorriam muitos casos de agressões racistas cruéis contra negros por brancos pobres. E é claro que também existiam brancos pobres que viviam em comunidade com vizinhos negros nas colinas. A socialização na infância, segundo a qual fomos ensinados a sentir medo dos brancos pobres e evitar contato com eles, sem usar esse mesmo julgamento contra outros grupos para decidir se eles ofereciam ou não perigo, nos deixou marcas profundas. Quando souberam que eu tinha uma casa fora da cidade, em uma colina, meus irmãos começaram um interrogatório. Queriam saber se era mesmo seguro morar cercada por brancos pobres instalados em trailers. Mesmo entendendo que eu mesma tinha manifestado preocupação sobre minha segurança, sobre ser uma mulher negra sozinha em um lugar onde a maioria dos vizinhos era branca, pobre e da classe trabalhadora, comentei com meus irmãos que nenhum deles havia considerado se eu me sentia segura no bairro de maioria branca onde moro na cidade. Eles supõem que brancos de classes favorecidas têm menos chances de ser racistas do que os brancos pobres.

A supremacia branca é um sistema político ativo nos Estados Unidos. Ela promove e perpetua a discriminação racial e a violência racial. Consequentemente, as pessoas negras devem se manter alertas e vigilantes todos os dias, tanto diante de pessoas não brancas que reproduzem o racismo, quanto de espaços brancos com a provável presença de muitas pessoas que não desconstruíram o racismo dentro de si. Devemos saber distinguir. Ao mesmo tempo, não podemos ser paranoicos nem criar suposições com base em estereótipos sobre qualquer pessoa branca que encontrarmos. O contrário também serve para brancos em interações com negros.

Quem acredita de coração no fim do racismo, que é possível enfrentar e mudar o pensamento supremacista branco e suas ações, entende que há um elemento de risco na construção de uma comunidade em meio às diferenças. O esforço para construir uma comunidade em um contexto de desigualdade racial (muito baseada em classe) exige uma ética de reciprocidade relacional que seja contra a cultura de dominação. Com reciprocidade, não é preciso que todos sejamos iguais para atingir a aceitação e a mutualidade. Se a igualdade for vista como a única norma aceitável para que pessoas possam se encontrar além de fronteiras e criar comunidades, então há pouca esperança. Felizmente, a reciprocidade é um alicerce mais construtivo e positivo para o estabelecimento de vínculos que permitam a existência de diferenças de status, posição, poder e privilégio, sejam eles determinados por raça, classe, sexualidade, religião ou nacionalidade.

Sendo uma comunidade formada por muitos cidadãos empenhados no fim da dominação em suas diversas formas, incluindo a dominação racial, o aspecto central de nossa cultura local é a vontade de estar a serviço dos outros, sobretudo de pessoas em situação de vulnerabilidade por diversos motivos. A cultura dominante desvaloriza a importância do estar a serviço. Nós que atuamos para desfazer as hierarquias negativas do poder entendemos a natureza humanizadora do serviço, entendemos que no ato de dar e receber ficamos vulneráveis. E que nessa posição de vulnerabilidade compartilhada está a possibilidade de reconhecimento, respeito e parceria.

Existem muitos locais em Berea nos quais as pessoas estão fazendo o trabalho da paz e da justiça, continuando a luta pelo fim da dominação em suas diversas formas. Temos a sorte de estar sobre um alicerce que nos permite reconstruir uma comunidade amorosa. A base já está pronta aqui. A visão de John Fee sobre o fim do racismo e da segregação racial, sobre a criação de uma comunidade amorosa segundo a qual possamos viver unidos sob o entendimento de que "somos todos feitos do mesmo sangue", deixou sementes que estão adormecidas, esperando apenas germinar para serem nutridas. Espero que Berea possa, um dia, ser o mesmo farol que uma vez mostrou ao país o que deve ser feito se quisermos criar uma cultura antirracista, se quisermos viver em uma comunidade amorosa.

07.
entre as plantações de tabaco

No Kentucky, quando andamos de carro pelo interior, longe da cidade, passamos por campos e mais campos de tabaco. Desde a infância aprendi a reverenciar essa planta, cujo cultivo é passado de geração a geração. Naquela época, o tabaco não era demonizado, e sim uma planta sagrada, considerada preciosa pelos anciões, que conheciam suas propriedades e potencialidades.

Não consigo me lembrar de nenhum momento da infância no qual o tabaco não tenha marcado presença ou tido um significado. Seja observando Big Mama, a avó do meu pai, fumar seu cachimbo, esvaziando a caneca de café usada para cuspir o tabaco mastigado, seja assistindo à minha avó materna Baba trançar folhas de tabaco para repelir insetos, seja contemplando tia Margaret enrolar tabaco com as mãos para fazer cigarro e charuto, o cheiro do tabaco permeou nossa vida e sempre reacende minha memória. Em certa época, o tabaco dominou a economia de muitas cidades pequenas do Kentucky. Para os negros pobres e analfabetos, colher tabaco era um trabalho penoso, mas remunerado no ato — portanto, uma possibilidade de conseguir um dinheiro extra. A história dos negros e a do tabaco, assim como as folhas trançadas, já estiveram profundamente entrelaçadas. E, embora essa história, como muitos outros aspectos de nosso passado ancestral, seja desconhecida, os anciões se lembram dela, pensam sobre o passado e ainda sentem a fragrância do tabaco.

O plantio, a colheita, a seleção e a cura do tabaco desempenharam papel significativo na tragédia dos africanos escravizados nos estados do Sul. Enquanto para os africanos arrancados da terra natal muitos hábitos do chamado "Novo Mundo" eram excêntricos, o tabaco era "familiar". Assim que o tabaco chegou à África, seu poder e seu prazer logo se espalharam pelo continente. Desde o início, os africanos conferiram à planta poderes místicos e mágicos. Tanto na África quanto em partes da América do Sul, os xamãs do tabaco empregavam a planta em cerimônias e rituais. Usado para curar, abençoar e proteger, o tabaco era considerado divino. Em seu extenso trabalho *Tobacco: A Cultural History of How An Exotic Plant Seduced Civilization* [Tabaco: uma história cultural de como uma planta exótica seduziu a civilização], o crítico cultural Iain Gately comenta: "O tabaco desempenha papel central na formação espiritual dos xamãs. [...] Um xamã do tabaco usava a erva em todos os aspectos de sua prática". Na América do Norte, os indígenas nativos também consideravam o tabaco uma planta sagrada, e muitos grupos tribais continuam a honrar a natureza espiritual do tabaco, tanto como um forte legado quanto como um elemento potente das tradições atuais. Ao escrever sobre a história do tabaco nos Estados Unidos, Gately enfatiza que o uso da planta foi "um hábito determinante de diversos povos e civilizações que ocuparam a América do Norte pré-colombiana" e que "todos inseridos em suas culturas, vivas ou já extintas, usavam o tabaco". Os indígenas empregavam o tabaco para fins medicinais, para clarear a pele, limpar o corpo e proceder rituais de purificação. Enquanto o tabaco era, na maioria das vezes, de competência exclusivamente masculina em culturas ao redor do mundo, no continente africano homens e mulheres usavam o tabaco com igual prazer e fervor, em busca de empoderamento e conforto na fumaça sagrada.

As pessoas de cor em vários lugares do mundo viam e continuam vendo o tabaco como uma forma de iniciação no mundo espiritual. Muitos xamãs, tanto do passado quanto do presente, usam-no para entrar em transe ou até mesmo ir ao encontro da morte, para depois ressuscitar como prova de seus poderes. Explorando a ligação entre tabaco e religião, Gately revela que:

> O sopro de fumaça ritualístico, conduzido por um xamã para conceder bênção ou proteção contra inimigos, tinha a intenção de simbolizar uma transformação na qual a fumaça do tabaco representava um espírito-guia; isso é remanescente do ritual cristão, no qual o vinho e o pão são convertidos pelo sacerdote no corpo e no sangue de Cristo.

Na cultura dos nativos americanos, os sinais de fumaça são meios de comunicação cósmica. Em *Reinventando a medicina*, Larry Dossey explica que "a função do sinal de fumaça era apenas atrair a atenção de todos, viabilizando a comunicação mental e à distância". De acordo com Dossey, "a possibilidade de a mente funcionar à distância, fora dos limites do cérebro e do corpo e não apenas nos sonhos, é comum em muitas das chamadas culturas 'nativas'". O tabaco e sua fumaça trazem às pessoas a promessa de transcender suas limitações. Por isso, a reverência e o respeito das culturas ancestrais pelo tabaco.

Logo no início da poderosa biografia *Black Elk Speaks: Being the Life Story of a Holy Man of the Oglala Sioux* [Com a palavra, o Alce Negro: a história de vida de um homem sagrado dos Sioux Oglala], o sábio ancião da tribo relata a aparição de visões sagradas ao fumar o

> cachimbo esculpido com a imagem de um filhote de bisão, de um lado, que representa a terra que nos carrega e nos alimenta, e doze penas penduradas na haste, que simbolizam o céu e as doze luas, amarradas com uma relva que nunca se rompe.

Quando ele fuma o cachimbo depois de fazer uma oferenda "aos poderes que são um único Poder e passar adiante uma voz a eles, devemos todos fumar juntos". Ele fala com o Grande Espírito, proclamando:

> Grande Espírito, Grande Espírito, meu Ancestral, em toda a terra todos os seres vivos são iguais. Com ternura, surgiram do solo. Olhe o rosto das incontáveis crianças com crianças em seus braços, que elas possam enfrentar os ventos e trilhar o bom caminho rumo aos tempos de quietude.

Depois das orações ao Grande Espírito, ele dá as boas-vindas aos companheiros, dizendo: "Fumemos juntos para que reine somente o bem entre nós".

Na cultura popular dos Estados Unidos, as representações negativas dos nativos americanos na mídia, sobretudo na televisão, pouco mudaram. O ato de fumar um cachimbo da paz é bastante caricaturado. A cultura dominante ridicularizou a crença nativa de união com a natureza e a naturalidade da paz, enquanto o massacre de indígenas foi justificado por estes serem supostamente povos selvagens e violentos. Ainda assim, os artefatos remanescentes relacionados ao tabaco (cachimbos caprichosamente ornamentados) atestam o significado espiritual do fumo.

Embora existam poucos estudos sobre o papel do tabaco como moeda social entre os africanos escravizados e os brancos que os possuíam, a demanda por trabalhadores no plantio e na colheita era tão intensa nos séculos XVIII e XIX que mais escravizados foram comprados para o trabalho duro nas plantações, aumentando assim a fortuna de seus proprietários. Gately relembra que "a importância do tabaco não estava limitada às colônias do Sul", já que logo se tornou a principal mercadoria para exportação. De fato, ele argumenta que "essa erva proporcionou às colônias um lugar no mundo". O tabaco — seja para fumar, mastigar ou inalar — era uma fonte enorme de poder para a crescente cultura capitalista de ganância nos Estados Unidos. Para os escravizados que sacrificavam a vida nas plantações a fim de garantir a produção abundante, cuja existência era bastante nômade considerando que os cultivadores se mudavam para buscar solo fresco, a recompensa pelo árduo trabalho era a liberdade de usar um pouco da planta, que, como o ouro, era preciosa e difícil de encontrar.

Era comum que negras e negros escravizados fumassem tabaco em cachimbos. Sem dúvida, fumar um cachimbo ao final de um dia extenuante de trabalho, tranquilamente, quase como uma meditação, era uma forma de os africanos escravizados desligarem o psicológico de uma realidade difícil e literalmente se sentirem em outro lugar. A reverência ao tabaco como planta sagrada, uma prática central da experiência africana, foi mantida tanto pelos poucos africanos desbravadores que chegaram ao "Novo Mundo" antes de Colombo quanto pelos africanos recém-escravizados. Mesmo com o trabalho cruel e arriscado nas fazendas de tabaco, os negros escravizados ainda foram capazes de manter a cultura cerimonial do tabaco, uma peculiaridade entre eles antes do exílio.

Essa cultura foi preservada na vida das pessoas negras até depois do fim da escravidão. Entre os anciões da minha família, a planta do tabaco tinha um lugar de grande importância. Podia ser utilizada como desinfetante e repelente de insetos. Era costume deixar folhas trançadas de tabaco em baús de roupas e enxovais para evitar que ácaros e traças destruíssem tecidos de valor. Além de uma fonte de prazer, o tabaco era útil. Embora eu nunca tenha sentido vontade de fumar ou mascar tabaco durante a infância e a adolescência, me encantava a beleza do tabaco sendo cultivado, curado, pendurado ou trançado. Naquele mundo em que as mulheres, tanto quanto os homens, tinham o costume de fumar, mastigar ou sorver tabaco pela gengiva, nada me dava mais satisfação do que ter a permissão de manusear as preciosas folhas e colocá-las no cachimbo de Big Mama em quantidade suficiente, sem desperdício. Naquele tempo, o tabaco não era visto como prejudicial à saúde, como hoje sabemos que é. É importante frisar que os negros sulistas que colhiam e curavam a planta do tabaco sem agrotóxicos ou aditivos faziam uso da erva e costumavam viver por muitos anos. Para eles, o tabaco tinha um poder profundo de cura. O perigo entrou na vida deles quando passaram a fumar tabaco empacotado e cigarros e charutos industrializados, quando o fumo se tornou um vício. Os negros daquela época trabalhavam e se exercitavam; nunca tiveram um estilo de vida em que se entregavam ao prazer de fumar sem antes ter passado por um dia pesado de trabalho braçal.

Quando sinto saudades do Kentucky da minha infância, normalmente envereda por duas memórias diferentes: o mundo do tabaco e o mundo das colchas de retalhos. Na minha cabeça, os dois estão associados a uma vida simples e a uma abundância simples. Os dois estão associados ao conforto da mente, do corpo e da alma. Big Mama, que nos amava incondicionalmente, era pequena e corcunda. Ela usava um avental passado à perfeição, com bolsos do tamanho certo para guardar o tabaco e o cachimbo. Havia plantações de tabaco do tipo Burley em todo lugar. O aroma do cachimbo, as nuvens de fumaça e, o mais importante, o deleite que tomava o corpo e o ser de minha bisavó faziam com que os netos tivessem dificuldade de ver o tabaco como algo perigoso. Ele era parte da mágica e da grandiosidade pessoal dessa mulher.

Quando criança, eu sofria de constantes problemas respiratórios, então fumar nunca foi atrativo para mim. Contudo, achava fascinante a estética do tabaco e sua presença em nossa vida e em nossas origens africanas e ameríndias como uma planta sagrada. Para muitas pessoas de cor que reivindicam os costumes sagrados dos nossos ancestrais, que se esforçam para resgatar importantes tradições devastadas pelo imperialismo e pelo colonialismo brancos, ater-se aos entendimentos ancestrais do poder místico e mágico do tabaco tem sido essencial. Essa não é uma tarefa fácil em um mundo em que o tabaco adulterado com substâncias muito tóxicas vicia, destrói, adoece e mata, sobretudo quando usado de maneira abusiva.

O sistema do patriarcado supremacista branco capitalista imperialista que transformou a planta do tabaco em um produto destinado apenas ao lucro excessivo é bastante criticado, talvez mais do que os produtores de qualquer outra droga proveniente de plantas, porque o tabaco é legalizado — também porque a indústria do tabaco, com sua publicidade sedutora, convida os consumidores a escolher a morte. Ironicamente, a propaganda capitalista seduz os consumidores usando as mesmas insinuações subliminares que transmitem ao público a ideia de que o tabaco possui poderes místicos e mágicos, como era feito mais abertamente outrora para seduzir os nativos em outras partes do mundo. No entanto, essa propaganda contemporânea separa o tabaco de suas origens como planta curativa e sagrada. Assim como a colonização buscou privar os povos ameríndios e africanos de sua língua, identidade e humanidade, a planta do tabaco passou por um processo semelhante. Em *O alimento dos deuses*, Terence McKenna descreve a forma como o mundo do tabaco mudou com a chegada do homem branco, o colonizador:

> O tabaco foi a primeira e mais imediata recompensa pela descoberta do Novo Mundo. Em 2 de novembro de 1492, menos de um mês depois de sua chegada ao Novo Mundo, Colombo atracou no norte da costa de Cuba. [...] Exploradores retornaram com alguns homens e mulheres que inseriam parte de rolos de folhas acesos em suas narinas. Esses rolos acesos eram chamados de tabacos e consistiam de ervas secas enroladas em uma grande folha seca. Eles ficavam acesos em uma ponta, e as pessoas chupavam a outra ponta e "bebiam a fumaça", ou inalavam algo que era totalmente desconhecido na Europa.

O tabaco, enquanto indústria capitalista, tem sido sujeito a todas as maquinações da corrupção e da ganância imperialistas. Sem dúvida, é a droga proveniente de plantas mais consumida no planeta. Destituído de seu legado medicinal, passou a ser demonizado exclusivamente como um produto capaz de matar. Usado de forma incorreta, como um vício, ele de fato leva o fumante a um caminho de doença e, por fim, à morte. Se as tendências mundiais do consumo de cigarros se mantiverem, um bilhão de pessoas morrerão de doenças relacionadas ao tabaco apenas neste século. De acordo com a Organização Mundial da Saúde, a Índia e a China representam, no momento, quarenta por cento da população fumante do mundo.[16] Nos Estados Unidos, houve uma intensa conscientização sobre os perigos do tabaco e a adulteração do produto pela indústria, mas pouco é feito para permitir o discernimento entre a planta pura e seus atributos positivos e todas as suas desvantagens. Em *Uma Verdade Inconveniente*, documentário de Al Gore sobre o aquecimento global, ele compartilhou a comovente história da morte da irmã em decorrência de um câncer de pulmão. Ela havia começado a fumar muito cedo. O filme mostra a figura sofrida do pai, um fazendeiro que cultivou tabaco durante toda a vida, enfrentando a difícil verdade sobre a influência do produto na morte da filha. E então os espectadores descobrem a decisão do pai de parar de trabalhar com esse cultivo. O documentário não se esforça em retratar uma visão alternativa do tabaco, a fim de

---

[16] De acordo com um artigo publicado em 2019 pela *The Lancet*, os dez países com maior número de fumantes de tabaco eram, na seguinte ordem: China, Índia, Indonésia, Estados Unidos, Rússia, Bangladesh, Japão, Turquia, Vietnã e Filipinas, somando quase dois terços da população global de fumantes de tabaco. [N.E.]

fazer uma distinção entre a planta em si e a indústria do cigarro, com seu uso calculado de aditivos venenosos, nem ao menos distinguir o tabaco do tabagismo.

Os povos nativos em nossa cultura que continuam a reverenciar a planta do tabaco não têm espaço nessa discussão pública. E a tirania do cristianismo fundamentalista obstrui a presença de tradições sagradas não originárias da Bíblia. Nenhum dos especialistas antitabaco considera a possibilidade de os jovens — bastante vulneráveis à publicidade voltada aos desejos — evitarem o vício caso aprendam formas alternativas de pensar e idealizar o tabaco, as quais promoveriam o respeito por essa planta incrível e ao mesmo tempo potencialmente perigosa. O público poderia aprender a relacioná-lo com tradições sagradas. Se essa fosse a nova cultura do tabaco, as pessoas teriam a oportunidade de decidir os aspectos de sua relação com o fumo, indo além de apenas reproduzir inconscientemente a cultura de morte criada pelo consumo de tabaco envenenado. A sanção pública contra os produtores imperialistas de tabaco que mantinham plantações em países em desenvolvimento, sem respeitar regulamentações de saúde relacionadas a inseticidas e aditivos venenosos e viciantes que "poderiam" ser impostas nos Estados Unidos, foi o estopim para o término do cultivo no país.

O tabaco, produto agrícola que no passado atraiu a atenção do mercado global para os Estados Unidos, tem pouco significado na imaginação cultural de hoje. Houve uma época em que o Kentucky produzia grandes quantidades de tabaco do tipo Burley, que gerava enorme receita e tornava o rico ainda mais rico. Mas esses tempos ficaram para trás há muito. O tabaco não é mais algo essencial para a economia do Kentucky. Não se veem mais as longas e intermináveis plantações de tabaco como na minha infância. Antigamente, quem chegava a qualquer loja de alguma cidade pequena do Kentucky encontrava o tabaco pendurado, de maneira imponente, as folhas muito bem trançadas para serem compartilhadas como um gesto de abundância e consideração; hoje em dia, não há mais lugar para ele. É evidente que essa linda planta não combina com as paredes dos hipermercados ou das lojas de conveniência.

Por distinguir os efeitos nocivos do fumo — o vício — da planta, lamento o desaparecimento dos campos de tabaco por tudo que eles representaram em nossa infância. Eles, acima de tudo, simbolizavam a generosidade da natureza, a riqueza que a terra nos proporciona. E, assim como os anciões nos ensinaram, a beleza da fumaça, o aroma do tabaco são dádivas que tornam nossa vida melhor. Quando converso com alguns dos meus irmãos, os que trabalharam no campo, colhendo e descascando o tabaco quando éramos jovens, eles se lembram da poeira, da dor no corpo por passarem muito tempo curvados, do ar gelado e do chão instável. Mas também se recordam da cultura do tabaco que nos proporcionou tantas imagens de beleza, corredores de folhas penduradas no celeiro, campos verdes e nossas vozes infantis anunciando qual planta estava crescendo por todo lugar: o tabaco. Encontrar palavras para expressar a estética dessa planta, a beleza e o esplendor de suas folhas penduradas no celeiro, não é tarefa fácil no mundo de hoje, em que o tabaco é visto com desrespeito e desprezo — isso quando é reconhecido ou lembrado. Em meu livro de poemas *When Angels Speak of Love* [Quando os anjos falam de amor], o tabaco é uma inspiração. Na minha imaginação, sonho com tranças de folhas de tabaco enroladas que esperam, dispostas no chão frouxo, o tempo de descascar, o tempo de secar, o tempo de transformar, lâminas de cor marrom, e o tempo de se afastar, e o tempo todo o amor presente, o aroma da fumaça entre nós.

Seja por meio de pura nostalgia, seja por meio da memória cultural significativa, a planta do tabaco merece ser celebrada.

No contexto global, desde a sua origem até os dias de hoje, o tabaco e o seu uso têm sido ligados à liberdade. Assim como o político abolicionista branco do Kentucky Henry Clay, que nunca, como pontua Gately, "escravizou nem humilhou [negros]", eu, que nunca fumei, sorvi pela gengiva ou masquei tabaco, jamais entenderei intimamente essa tentação. Um engajado militante pelos direitos humanos universais, Clay visitou Cuba e foi tão bem recebido que, em 1850, uma marca de charutos foi batizada com seu nome como um gesto de respeito. Quando o romance de James Weldon Johnson *Autobiografia de um ex-negro* foi publicado, em 1912, ele incluiu um retrato fictício da fabricação de charutos. O personagem principal lembra que: "No início, o forte cheiro do tabaco me deu náuseas, mas, quando me acostumei, passei a gostar". No começo do século XIX, os homens negros descobriram a possibilidade de obter dinheiro rápido trabalhando com tabaco mais do que em qualquer outro negócio que os submetia a uma cruel discriminação. O protagonista de Johnson associa o tabaco à liberdade: "A fabricação do charuto era um negócio independente; os homens iam trabalhar quando queriam e paravam quando sentiam vontade". Os homens negros do Sul que trabalhavam nas plantações conseguiam um retorno financeiro melhor do que em outras ocupações. E, embora a cultura dominante tenha feito do tabaco no Ocidente um privilégio masculino patriarcal, o uso do tabaco sempre foi, para as mulheres de todas as épocas, um meio de afirmar independência. Como seria melhor se o tabaco fosse utilizado pelas mulheres apenas em rituais de maioridade... Infelizmente, ao consumirem tabaco tanto quanto os homens, as mulheres estão sujeitas à morte e às doenças. Pelo fato de a nicotina ser tão viciante, têm sorte aquelas que conseguem usar o tabaco sem desenvolver dependência.

É certo que em todo o mundo as pessoas usam o tabaco. É a droga mais democrática dentre todas provenientes de plantas. Legalizada, pode ser encontrada em todo lugar. McKenna argumenta que uma tributação mais rigorosa sobre o tabaco limitaria seu uso. Nas últimas páginas de *O alimento dos deuses*, ele recorda os leitores de que as pessoas sempre buscarão o êxtase (a sensação de deixar o corpo) por meio do uso de drogas psicoativas. Também nos lembra que esse desejo tem raízes essencialmente religiosas:

> O auxílio da natureza significa reconhecer que a satisfação do impulso religioso não vem do ritual, e muito menos do dogma, mas de um tipo fundamental de experiência — a experiência da simbiose com plantas alucinógenas e, por meio delas, uma simbiose com toda a vida do planeta. [...] Sem a válvula de escape para o domínio transcendental e transpessoal proporcionada pelos alucinógenos provenientes de plantas, o futuro da humanidade seria de fato sombrio.

McKenna sugere que a solução não está em proibir o tabaco, mas em criar um contexto para o uso de drogas provenientes de plantas de forma significativa, usos que poderiam ajudar a restaurar a relação de não dominação com a natureza. Ele explica:

> As plantas xamânicas nos revelam os mundos que acreditamos ser de onde viemos há muito tempo, mundos de luz, poder e beleza. [...] Podemos reivindicar esse legado pródigo, assim como podemos reformular nossa linguagem e a nós mesmos. Reformular nossa linguagem significa rejeitar a nossa imagem herdada da cultura dominante. [...] A natureza não é nossa inimiga, algo a ser violado e conquistado. A natureza somos nós mesmos, algo que deve ser apreciado e investigado.

Essas palavras ecoam os ensinamentos que recebi dos anciões do Kentucky sobre o relacionamento baseado em reciprocidade com a natureza.

Hoje em dia, não conheço nenhum agricultor de tabaco no Kentucky. Viajando pelas estradas do interior, eu me deparei com isolados celeiros de tabaco cheios desse tesouro e revivi a sensação de admiração e reverência causada por essa união entre o humano e a planta. A beleza da coexistência é uma dádiva para mim. E não quero me esquecer disso. Quero manter para sempre em minha mão o tabaco enrolado, plantado por meus antepassados, trançado pelas amadas mãos de Baba. Quero reverenciar a planta do tabaco — que o seu apelo sagrado seja o legado que me chama.

08.
o vínculo com a terra: em solo firme

Passei a primeira infância nas colinas do Kentucky. Rodeada por bosques de madressilvas, aspargos selvagens e árvores com copas gigantes, o mato protegendo as plantações em crescimento — o imenso jardim do terreno de uma família negra. Nossa casa de concreto no topo da colina, uma construção remanescente da exploração de petróleo, do desejo dos homens de extrair mais e mais lucro da terra, permanecia como um forte para nos proteger da necessidade capitalista de buscar sempre uma nova fronteira. Filha das colinas, aprendi cedo o poder da natureza. Os agricultores me ensinaram que a natureza selvagem, o ambiente não domesticado, pode dar e tirar a vida. Na minha infância, aprendi a ficar atenta a cobras, felinos, plantas com substâncias tóxicas ou venenosas. Eu sei por instinto; eu sei porque todos os adultos me diziam que é a humanidade, não a natureza, o invasor nessas terras. A humildade permitiu a sobrevivência na relação com o poder da natureza.

Criada em meio a pessoas à margem da lei, moradores dos Apalaches, fui ensinada a entender que elas, por viverem de maneira orgânica, em harmonia e união com a natureza, eram marcadas por uma sensibilidade diferente, deveras perigosa. As pessoas do campo tendem a ignorar as regras da sociedade, as regras da lei. No campo, aprendemos a confiar apenas no espírito, a seguir para onde o espírito nos leva. No fim, não importam nossas palavras ou nossos atos; o espírito nos chama além da voz, além das leis criadas pelo homem. O espírito selvagem da natureza intocada sobreviveu dentro do homem do campo como um legado ancestral, passado de geração a geração. Sobreviveu também a dádiva fundamental desse espírito, o bem mais precioso: a liberdade. E, para ser totalmente livre, o ser humano precisou aceitar os direitos orgânicos da terra.

A humanidade, a despeito de seu poder, não consegue roubar os direitos da terra. No fim, a natureza é quem manda. Essa é a grande dádiva democrática que a terra nos oferece: a doce morte para a qual todos nós inevitavelmente seguimos, em direção à comunhão derradeira. Nem raça, nem classe, nem gênero, nada pode evitar nosso caminhar até a morte, onde todos nos tornamos um só. Cuidar da terra, então, é cuidar do nosso destino, da nossa liberdade, da nossa esperança.

As lições da minha infância foram narrativas contestadoras que me ensinaram a cuidar da terra, a respeitar as pessoas do campo. Esse respeito pela terra, pela menina do interior que habita em mim, foi muito útil quando saí desse ambiente para viver longe da cidade do interior onde fui criada. Foi apenas quando deixei meu lar, o campo com abundantes e ainda intactos esplendores da natureza, que compreendi pela primeira vez o desdém da nossa nação pelos camponeses. Esse desdém levou ao desrespeito cultural pelo agricultor, por aqueles que vivem de forma simples e em harmonia com a natureza. O escritor e poeta (e às vezes agricultor) Wendell Berry, outro nativo do Kentucky e apaixonado pela nossa terra, escreve em *Another Turn of the Crank* [Mais um giro da manivela], no ensaio

"Conserving Communities" [Conservando comunidades], que "comunistas e capitalistas têm em comum o mesmo desdém por pessoas do campo, pela vida no campo, pelos lugares do campo".

 Antes das migrações em massa para as cidades do Norte no início do século XIX, mais de noventa por cento de todos os negros viviam na região rural do Sul. De fato, nós éramos pessoas da terra. O trato com a terra representava uma esperança de sobrevivência. Mesmo quando a terra era propriedade de brancos opressores, senhores e senhoras da casa-grande, era a terra em si que protegia os explorados negros de sua desumanização. Meu avô Jerry, que trabalhava em regime de parceria rural, caminhava comigo pelos estreitos corredores das plantações e me dizia: "Vou te contar um segredo, minha menina. Nenhum homem é capaz de mandar no sol ou na chuva — e disso todos nós somos testemunhas. Todos sabem que, no fim, temos que nos curvar diante das forças da natureza. O patrão branco pode achar que é mais esperto que a natureza, mas o pequeno agricultor sabe. A terra é nossa testemunha". Essa relação com a terra mostrava aos negros do Sul, pobres ou não, que a supremacia branca, com sua desumanização sistêmica da negritude, não era uma forma de poder absoluto.

 Naquele mundo, os negros do campo entendiam que os brancos com o poder de dominar e controlar as pessoas não brancas não tinham como controlar a natureza ou o espírito divino. O entendimento fundamental de que os brancos não eram deuses (porque se fossem poderiam fazer o que bem entendessem com a natureza) ajudou os negros a incutir em si mesmos uma sensibilidade contestadora. Quando os negros migraram para as cidades urbanizadas, essa conexão humanizadora com a natureza foi afetada; o racismo e a supremacia branca passaram a ser vistos como fatores poderosos que definiam nosso destino. Esse pensamento e o rompimento com a religiosidade, caracterizado pela recusa em reconhecer o sagrado no dia a dia, serviram aos interesses do patriarcado supremacista branco capitalista.

Morar no Sul rural, trabalhar no campo e cultivar o próprio alimento possibilitaram o desenvolvimento de habilidades de sobrevivência semelhantes àquelas procuradas pelos hippies nos movimentos de retorno à terra[17] entre o fim dos anos 1960 e o início dos 1970. Por ter sido criada em um mundo no qual meus avós não mantinham trabalhos regulares, mas tiravam seu sustento da captura e da venda de minhocas para pesca, do cultivo de alimentos e da criação de galinhas, sempre tive consciência de uma alternativa ao sistema capitalista destruidor da abundância da natureza. Naquele mundo, aprendi na prática o conceito de coexistência, ao qual o monge budista Thich Nhat Hanh se refere como o reconhecimento da conexão de toda a vida humana.

Esse senso de coexistência era no passado compreendido profundamente pelos negros que habitavam o Sul rural. Hoje, essa percepção está apenas naqueles dentre nós que mantiveram os laços com a terra, com a natureza, que persistiram na promessa de viver em harmonia com o meio ambiente, que extraem da natureza sua força espiritual. Regozijar-se com a abundância e o belo da natureza tem sido uma das formas encontradas por pessoas pobres esclarecidas ao redor do

---

[17] *Back-to-the-earth movement*, em inglês. É um movimento agrário vigente em diferentes períodos da história que procura resgatar o costume de cultivar em pequenos pedaços de terra o suficiente para o autossustento, a autonomia e a vida em comunidade, em contraposição a uma realidade industrial ou pós-industrial. [N.E.]

mundo para manter contato com sua bondade intrínseca mesmo quando forças do mal, através do capitalismo corrupto e do consumismo hedonista, tentam todos os dias romper seus laços com a natureza.

Repórteres do jornal *The New York Times* entrevistaram pessoas pobres de regiões rurais do Kentucky que sobreviviam com recursos escassos e ficaram surpresos por descobrir que esses cidadãos expressavam uma grande conexão com a natureza. Em um artigo recente no jornal intitulado "Forget Washington: The Poor Cope Alone" [Esqueça Washington: os pobres se viram por conta própria], a repórter Evelyn Nieves diz: "As pessoas não paravam de repetir quanto eram abençoadas por morar em um lugar tão bonito quanto o Kentucky, com montanhas verdes e exuberantes e árvores antiquíssimas". Essa convivência nos dá uma perspectiva concreta de esperança. A natureza nos lembra que "tudo passa". Olhar para o topo de uma árvore, ou para a queda de uma cachoeira, elementos que resistem ao tempo, tem o poder de renovar o espírito. Ver plantas crescendo no solo sem nenhum cuidado especial reacende nosso sentimento de admiração e reverência.

Mais do que nunca na história de nossa nação, as pessoas negras devem renovar coletivamente a relação com a terra, com as raízes rurais. Porque, ao sermos indiferentes e fazermos parte da destruição e da exploração da terra preta, nos tornamos cúmplices da dominação sobre pessoas de pele escura, tanto aqui quanto no mundo todo. Reivindicar nossa história, nossa relação com a natureza, com a vida no campo, e proclamar a restauração humanizadora da vida em harmonia com a natureza, para que esta também possa ser nossa testemunha, é uma importante maneira de resistir.

Meu pequeno apartamento fica em um espaço urbano onde a violência contra a natureza foi tamanha que é fácil esquecer de observar uma árvore, o céu, uma flor que nasce em meio a um oceano de lixo. Quando saio dali para me refugiar no interior, busco renovação. Viver em comunhão com a terra, reconhecendo de forma completa o poder da natureza, com humildade e reverência, é uma prática de consciência espiritual de cura e restauração. Ao nos reconciliarmos com a terra, fazemos do mundo um lugar onde nós e a natureza podemos ser um só. Criamos e mantemos ambientes onde podemos retornar a nós mesmos, estar de volta ao lar, nos manter em terra firme e ser uma verdadeira testemunha.

09.
excentricidade inspiradora

Todos nós temos parentes que tentamos esquecer, mas também aqueles que sempre estão em nossa lembrança, pessoas de quem estamos sempre falando. Eles podem já ter falecido, partido há muito tempo, mas sua presença permanece, e desejamos compartilhar com o mundo quem eles foram e o que ainda representam. Queremos que todos os conheçam pelos nossos olhos, que os amem como nós os amamos.

Toda a minha vida nutri um encanto pelos pais de minha mãe, Sarah e Gus Oldham. Quando eu era criança, eles já eram idosos. Mas eu não os enxergava dessa forma. Para mim, eles eram Baba e vovô Gus, juntos por mais de setenta anos, até o momento da morte dele. O casamento deles me fascinava. Eles eram como estranhos e parceiros — duas pessoas excêntricas que criaram um mundo particular.

Mais do que qualquer outro membro da minha família, eles me proporcionaram uma visão de mundo essencial para que eu sobrevivesse a uma infância difícil e dolorosa. Quando penso sobre a escritora eclética que me tornei, vejo em mim uma mistura dessas figuras da minha infância, muito diferentes entre si, mas igualmente poderosas. Baba era alta, com a pele tão clara e cabelos tão escuros e lisos que poderia com facilidade negar todos os seus traços de negra. Ainda assim, casou-se com um homem baixo e escuro, cuja pele às vezes parecia fuligem de carvão queimado. Em nossa infância, as lareiras eram acesas com carvão. O fogo era quente, luminoso e forte. Se chegássemos muito perto, podíamos nos queimar.

Juntos, Baba e vovô Gus geravam uma chama ardente. Ele falava pouco, muito comprometido com o silêncio — que, para ele, era como uma religião. Quando falava, mal dava para ouvir o que dizia. Baba era o exato oposto. Fumava muitos cigarros por dia, falava o tempo todo. Ela dava sermão, gritava, gostava de confusão. Era comum que sua raiva recaísse sobre o marido, que sentava bem calmo em sua cadeira perto do fogão com uma serenidade e uma quietude dignas de Buda. E, quando ele se cansava do que Baba falava, pegava o chapéu e saía para dar uma volta.

Baba e vovô Gus não dirigiam. Raramente andavam de carro. Preferiam caminhar. E até nisso eles tinham estilos diferentes. Ele se movia devagar, como se carregasse um grande fardo; ela, com seu corpo alto, esguio, jovial, andava rápido, como se não pudesse perder um segundo do seu tempo. A única paixão que tinham em comum era a pesca. Embora nunca tenham ido pescar juntos. Eles podiam compartilhar a casa, mas criaram mundos separados.

Em um sobrado de madeira com vários quartos, eles construíram um mundo capaz de conter suas personalidades separadas e distintas. A primeira coisa que percebemos sobre os nossos avós era que eles não dormiam no mesmo quarto. Essa forma de se relacionar ia contra tudo que sabíamos sobre casamento. Enquanto minha mãe nunca queria falar sobre o mundo à parte de seus pais, Baba contava em um minuto que vovô Gus era sujo, tinha cheiro de extrato de tabaco, não tomava banho direito e de jeito nenhum ela o deixaria deitar em sua cama. Ele, ao contrário, não dizia nada desagradável sobre ela, mas simplesmente explicava que não teria motivos para querer compartilhar sua cama com outra pessoa quando ele tinha a opção de ter uma só para si, sem ninguém para reclamar sobre nada.

Eu amava o cheiro do meu avô, que sempre enchia minhas narinas com o perfume da felicidade. Eu ficava em êxtase quando ele permitia que eu entrasse em seu santuário privado. Seu quarto era um espaço pequeno ao estilo de Van Gogh, adjacente à sala de estar. Não havia porta. Cortinas antiquadas (quase sempre fechadas) eram as únicas coisas que permitiam algum tipo de privacidade. Seu quarto tinha um cheiro forte de tabaco. Por onde quer que se olhasse, havia tesouros. Quando jovem, vovô Gus fazia bicos, e, mesmo depois de idoso, ainda realizava pequenas tarefas para alguma senhora que precisasse de ajuda. Nesses trabalhos, ele recolhia objetos que encontrava, sucata. Tudo isso era mantido dentro de seu quarto, em cima do aparador, sobre a mesa perto de sua cama. Ao contrário dos outros adultos, ele não ficava bravo quando as crianças fuçavam suas coisas. Ele dava pra gente tudo o que quiséssemos.

Vovô Gus colecionava lindas cigarreiras de madeira. Elas faziam parte do grupo dos objetos mais importantes: os tesouros. Ele tinha vários diários pequenos nos quais fazia anotações. Ele me deu minha primeira carteira, meu primeiro bloco de anotações, minha primeira caneta — que não funcionou por muito tempo, mas mesmo assim era um tesouro compartilhado comigo. Quando eu deitava em sua cama ou me sentava perto dele, às vezes para fazer nada, sentia que toda a dor e a ansiedade da minha infância problemática iam embora. Ele tinha um espírito calmo. E me deu o amor incondicional de que eu tanto precisava.

"Calmo demais", pensavam os filhos mais velhos. Por isso ele deixava a velha dominá-lo, dizia minha prima BoBo. Mesmo crianças, a gente sabia que os adultos tinham pena do vovô Gus. À época, seus próprios filhos pareciam não o considerar um "homem de verdade". O fato de ele se recusar a lutar em guerras era, para eles, outro sinal de fraqueza. Foi meu avô que me ensinou a ser contra a guerra. Eles o viam como um homem controlado pelos caprichos dos outros, dominado pela mulher alta, escandalosa e exigente com a qual se casara. Eu o via como alguém de crenças profundas, um homem íntegro. Quando vovô Gus ouvia essas humilhações — porque os filhos nunca paravam de comentar sobre quanto ele era apático —, apenas resmungava que não estava nem aí para eles. Ele não deixaria ninguém lhe dizer o que fazer da vida.

Vovô Gus era um homem de muita fé, atuava como diácono em sua igreja; era um dos homens de confiança de Deus. No templo, todos admiravam sua calma. Baba não via motivo para ir à igreja. Ela adorava dizer pra gente de todas as formas o quanto aquele era um lugar hipócrita: "Para quê, se eu posso encontrar Deus em qualquer lugar? Eu não preciso de uma igreja". De fato, quando minha avó morreu, ela não foi velada na igreja, por nunca ter participado de uma. A recusa dela em frequentar a igreja incomodava algumas de suas filhas, porque segundo elas minha avó pecava contra Deus, passava um mau exemplo para os netos. Os adultos não gostavam que ouvíssemos nossa avó amaldiçoando a igreja e todos os que participavam dela.

Baba adorava xingamentos e falava todo tipo de palavrão. O seu jeito improvisado de juntar os palavrões em uma mesma frase era por si só fascinante. Algo como os malditos filhos da puta que pensavam que podiam foder com ela, mas na verdade podiam muito bem tomar no cu. Mulher de palavras fortes e metáforas poderosas, ela não sabia ler nem escrever. A vida dela estava no poder da linguagem. Seus ditados favoritos sempre antecediam alguma história. Foi ela quem me disse: "Brinque com um filhote, e ele vai lamber sua boca". Quando eu ouvia esse ditado, sabia o que estava por vir: um longo sermão sobre não permitir que as pessoas se aproximassem demais, porque elas poderiam nos prejudicar.

Baba adorava contar histórias. E eu amava ouvi-las. Ela me chamava de Glory. No meio da história, ela parava e dizia: "Glory, está me ouvindo? Está entendendo?". Às vezes, ela me mandava repetir o que tinha aprendido. Às vezes, eu não conseguia entender direito, então ela voltava ao início. Quando minha mãe percebeu que eu estava aprendendo muitas sandices "em casa" (era assim que chamávamos a casa de Baba), minhas visitas foram reduzidas. Conforme fui ficando mais velha, aprendi a guardar para mim mesma toda a sabedoria que emanava dali.

Baba sabia confeccionar colchas de retalhos como ninguém, mas, quando eu já tinha idade suficiente para entender seu trabalho, para ver beleza nele, ela já apresentava problemas de visão. Ela não conseguia mais costurar tanto quanto antigamente — época em que o trabalho dela estava na cama de todos. Para não desperdiçar nada, Baba adorava fazer *crazy quilts*,[18] porque assim poderia aproveitar cada pedaço de teci-

---

[18] Colcha feita com pedaços irregulares de retalhos, sem um padrão determinado. [N.T.]

do. Depois de certo tempo, ela passou a encomendar moldes para fazer colchas perfeitas com cores combinando entre si, mas sempre guardava os retalhos.

Muito antes de eu ler *Um teto todo seu*, de Virginia Woolf, aprendi com Baba que uma mulher precisa de seu próprio ambiente de trabalho. Ela possuía um quarto enorme para costurar suas colchas. Como em todos os espaços no mundo particular criado por ela no andar de cima, esse quarto abrigava tesouros, uma infinidade de caixas de chapéus, plumas e baús cheios de roupas antigas que nunca doava. Em todos os quartos havia colchões de penas; quando eles eram levantados, dava para ver o estrado de madeira da cama coberto com extraordinárias colchas costuradas à mão.

Em todos esses baús, também em fendas nas paredes e gavetas, encontrávamos folhas trançadas de tabaco para espantar traças e outros insetos. Em dias de verão muito quentes, os tecidos guardados às vezes ficavam úmidos, então surgiam manchas de extrato de tabaco em colchas nunca usadas. Quando era criança, eu tinha uma colcha feita por minha avó que me aquecia; servia de aconchego e conforto. Quando saí do Kentucky para viver em Stanford, levei comigo essa colcha em farrapos, mesmo sob os protestos de mamãe. Eu sabia que precisaria daquele pedaço do Sul, do mundo de Baba, para suportar a mudança.

Como vovô Gus, ela era uma mulher de palavra. Gostava de declarar com orgulho: "Eu sinto o que falo e falo o que sinto". "Glory", ela me dizia, "o que temos de melhor em nós é a palavra — se você não consegue manter sua palavra, você não é nada neste mundo". Ela cortava relações com quem não mantivesse a palavra, com quem mentisse. Nossa mãe não falava alto nem se envolvia em confrontos. Foi com Baba que aprendi a "se impor e dizer o que pensa" e "se lixar" para a opinião de gente que "nem tem onde cair morta". Meus pais se preocupavam com a imagem deles. Era pura blasfêmia para Baba ensinar que a opinião das pessoas não importa: "Você precisa ser fiel ao que você pensa lá no fundo — só isso importa". Baba me ensinou a ouvir o coração — a segui-lo. Com ela aprendemos, ainda crianças, a nos lembrar dos nossos sonhos e a contá-los depois. Ela interpretava nossos sonhos. Ela nos ensinou a prestar atenção no conhecimento que vinha deles. Mamãe achava tudo aquilo uma tolice, mas ela também pedia que Baba interpretasse um ou outro dos seus sonhos.

Ao próprio estilo deles, meus avós eram rebeldes, profundamente comprometidos com o individualismo radical. Com eles, aprendi a ser eu mesma. Minha mãe odiava isso. Ela acreditava na importância de ser aceito, de se adequar. Tinha odiado crescer em uma casa excêntrica, isolada. Um mundo em que as pessoas produziam o próprio vinho, manteiga, sabão; onde criavam galinhas e cultivavam grandes hortas para fazer conservas de todo tipo de alimento. Esse era o mundo que minha mãe queria deixar para trás. Ela queria poder comprar coisas em lojas.

Baba vivia em outros tempos, uma época em que tudo que a família precisava era feito em casa. Ela adorava contar histórias sobre como fazer armadilhas para atrair animais, extrair a pele, colocar carne de gambá e guaxinim na salmoura, fritar um coelho recém-capturado. Embora fosse uma mulher que gostava do ar livre, capaz de caçar e preparar armadilhas como qualquer homem, ela também acreditava que toda mulher deveria costurar — quando fez sua primeira colcha, ainda era menina. No mundo dela, as mulheres eram tão fortes quanto os homens simplesmente porque precisavam ser. Ela havia crescido no campo e sabia que aquela era a melhor forma de viver. Orgulhosa por ser capaz de fazer o mesmo que qualquer pessoa do sexo masculino, até melhor, essa mulher que não sabia ler nem escrever tinha certeza de seu lugar no universo.

Meu senso de estética veio dela. Ela me ensinou a olhar para as coisas de verdade, a ver além da superfície, a admirar os diferentes tons de vermelho nas pimentas que secava e pendurava contra a luz do sol que adentrava a cozinha. Sua grande alegria estava na beleza do comum, do dia a dia. Enquanto ela não via utilidade nos tesouros do mundo do meu avô, ele também me ensinou a procurar o espírito vivo dentro das coisas — apesar de rejeitadas, elas ainda precisavam de toque e cuidado. Cada objeto encontrado tinha uma história que ele gostava de me contar, e ele também falava dos seus planos para fazer certas coisas reviverem.

Conectados em espírito, eles tinham rotinas muito afastadas. Baba e vovô Gus raramente tinham interações civilizadas um com o outro. Toda conversa entre eles começava com boa vontade e terminava em discórdia e contestação. Todo mundo sabia que Baba adorava causar confusão. Ela gostava de travar guerras com palavras. E se sentia muito confortável em usá-las para cutucar e machucar, para punir. Quando as palavras não eram suficientes, ela pegava a cinta, um longo pedaço de couro preto, para deixar leves marcas na pele.

Não existia agressividade em vovô Gus. Mamãe dizia que ele sempre fora assim, um homem calmo e gentil, cheio de ternura. Eu me lembro de me agarrar à ternura dele quando nada do que fazia agradava minha mãe, quando ela me punia. Baba não era minha aliada. Ela defendia as punições severas. Para ela, crianças desobedientes não serviam de nada. Ela nunca, em nenhum momento, era carinhosa. Quando entrávamos na casa dela, ela nos dava um beijo de cumprimento, e só. Com vovô Gus, podíamos abraçá-lo, ficar em seus braços, dar todos os beijos que queríamos. Seus braços e seu coração estavam sempre abertos.

Nos fundos da casa deles havia um pomar, galinheiros e hortas; na frente da casa havia flores. Baba era capaz de cultivar qualquer coisa. E ela sabia tudo de ervas e raízes. Seus remédios caseiros curavam todas as enfermidades que nos acometiam na infância. É óbvio que achava uma loucura alguém ir ao médico se ela já sabia o que poderia nos curar. Todo esse conhecimento veio da mãe dela, Bell Blair Hooks, o nome que adotei como pseudônimo. Todos acham que eu tenho o temperamento dessa minha bisavó, da qual não me lembro — ela tinha a língua afiada, ou pelo menos é o que dizem — e acreditam que eu herdei dela o jeito com as palavras.

As famílias fazem isso. Elas traçam genealogias psíquicas que costumam negligenciar o óbvio. Posso ter herdado de minha bisavó Bell Hooks o jeito com as palavras, mas aprendi a usá-las ouvindo minha avó. Aprendi a ter coragem vendo-a agir sem medo. Aprendi a correr riscos porque ela era ousada. A casa e a família eram o mundo dela. Meu avô passeava pela cidade, visitava as casas de outras pessoas, frequentava a igreja e executava tarefas por aí; Baba raramente saía. Não havia nada no mundo de que ela precisasse. As coisas lá fora violavam seu espírito.

Quando criança, eu não tinha noção do que era atravessar tantas gerações sem saber ler ou escrever. Para mim, Baba era uma mulher de fibra. Nunca passou pela minha cabeça que ela não teria nenhum poder fora da casa de número 1.200 da Broad Street. Eu achava que ela ficava em casa porque era o lugar de que mais gostava. Assim como vovô Gus parecia precisar caminhar, perambular por aí.

Depois da morte dele, ficou mais fácil perceber como os dois se complementavam. Porque de repente, sem ele como um silencioso alicerce, o espírito de Baba se retraiu. Algo dentro dela entrou em solidão eterna, sem possibilidade de consolo. Quando ela morreu, foi cercada de tulipas, suas flores favoritas. O pastor disse no velório que a morte dela não era um momento de lamentação, porque "é difícil viver em um mundo onde os parceiros que escolhemos para a vida já se foram". Vovô Gus era a companhia da qual ela mais sentia falta. A presença dele sempre foi o espelho da memória. Sem isso, haveria muito pouco para compartilhar. Não havia testemunhas.

Observando a vida deles como casal, aprendi que era possível mulheres e homens criarem lares de acordo com suas necessidades pessoais. O poder é compartilhado. Quando havia um desequilíbrio, Baba dominava. Eu achava muito estranho saber de mulheres e homens negros que não estavam formando famílias. Eu não fui criada em um mundo sem homens. Um dia, eu sabia que organizaria minha vida seguindo os padrões herdados de Baba e vovô Gus. Guardo os meus tesouros em cigarreiras, que ainda têm o mesmo cheiro depois de tantos anos. Ainda tenho a colcha que me protegeu quando criança, cheia de manchas de tinta e cores desbotadas. Tenho em meus baús folhas trançadas de tabaco que peguei "em casa". Esses tesouros espantam o mal — impedem que espíritos maus se aproximem. Como os meus ancestrais, eles me guardam e protegem.

10.
um lugar de descanso para a alma

Os espaços públicos são dominados por homens — eis um território patriarcal. O movimento feminista não mudou isso. Tampouco teve força suficiente para "retomar a noite" e fazer de locais escuros lugares seguros para as mulheres passearem, vagarem e perambularem à vontade. O *éthos* do espaço público permanece inalterado. A igualdade de gênero chegou ao ambiente de trabalho, mas na rua toda mulher que se atreve a andar sozinha à noite se torna um corpo à venda, um corpo em busca de drogas, um corpo em decadência. Uma mulher que perambula e fica à toa no espaço público é vista por todos, percebida, observada. Ela, queira ou não, se torna uma presa para o predador, para o Homem, seja ele um cafetão, um policial ou apenas um transeunte. Nas cidades, as mulheres não têm território público para ocupar. Elas devem estar em constante movimento ou então enclausuradas. Elas precisam ter um destino certo. Não podem relaxar, não podem ficar à toa.

Varandas e sacadas foram feitas para que as mulheres tivessem algum espaço ao ar livre. São uma característica comum da vida no Sul. Antes de o ar-condicionado existir, passava-se o verão na varanda; era o lugar onde todos se reuniam no início da manhã e no fim da noite. No Kentucky de bairros negros pobres do Sul, formado por casas estreitas de ripas de madeira, uma varanda era sinal de portas abertas. Sair para a varanda significava ver e ser visto, não ter nada a esconder. Sinalizava uma vontade de ser conhecido. Muitas vezes, os barracos dos menos favorecidos davam direto para a poeira e a sujeira — não tinham tempo nem recursos para construir uma varanda.

As varandas das casas onde cresci eram cenários de amizade — um espaço externo ocupado por mulheres enquanto os homens estavam fora, trabalhando ou perambulando pelas ruas. Sentar-se na varanda significava que todo o trabalho doméstico já tinha sido concluído: a casa estava limpa, a comida feita. Ou descansar enquanto a governanta ou a empregada doméstica terminava a limpeza, se você fosse rica o suficiente para tanto. Nós, crianças, precisávamos de permissão para sentar na varanda, para ocupar aquele espaço de lazer e descanso, nem que fosse por pouco tempo. A primeira casa que habitamos não tinha varanda. Era uma casa de blocos de concreto, construída para abrigar os homens que trabalhavam em busca de petróleo fora dos limites da cidade, portanto um lugar de espera para pessoas determinadas a se mudar e seguir em frente — um lugar em meio à natureza. No meio da natureza, não havia vizinhos para acenar ou com quem conversar, ou gente para cumprimentar, de quem se podia notar a presença pelo bater de portas ao entrar e sair. Uma casa sem vizinhos não precisa de varanda, apenas de estreitos degraus para permitir a entrada e a saída dos moradores.

Quando nos mudamos desse lugar afastado, quando ascendemos socialmente, as condições financeiras favoráveis nos levaram para um sobrado de madeira. Nosso novo começo foi grandioso: era uma casa não apenas com uma, mas três varandas — uma na frente, uma na lateral e uma na parte de trás.

Na varanda lateral, era possível dormir quando o calor do dia dava uma trégua. Levar os sonhos lá para fora fazia o escuro parecer seguro. E, dentro dessa segurança, uma mulher ou uma criança — menina ou menino — podiam se demorar. As varandas da lateral eram locais para encontros secretos, longe das vistas de qualquer pessoa, onde os visitantes podiam ficar por um longo tempo sem ser notados. Depois de um ano com uma varanda lateral e seis meninas adolescentes, papai a fechou com drywall, subiu paredes, bloqueou a porta. O lugar se tornou, então, o quarto do meu irmão, um espaço fechado sem janelas.

Sentávamos na varanda dos fundos e fazíamos tarefas como selecionar nozes, debulhar milho e limpar peixe, quando Baba, minha avó materna, e os outros conseguiam um bom dia de pesca ou quando os agricultores negros traziam os frutos de seu trabalho à cidade. Nossa varanda dos fundos era pequena. Não havia lugar para todos nós. Era um espaço limitado para amizades. Eu me sentia mais confortável nessa varanda quando era criança, fora das vistas dos adultos: ali podia fazer minhas reflexões infantis, sonhar acordada, sem a interrupção de pessoas entrando e saindo e dizendo uma coisa ou outra, sem gente chegando para descansar. Na casa do sr. Porter (o idoso que viveu e morreu lá antes de nos mudarmos), havia um sentimento de eternidade, de atemporalidade. Ele imprimiu na alma da casa seu sabor, o gosto e o cheiro de uma vida longa. Nós honrávamos esse sentimento ao usarmos o nome dele quando falávamos da casa na First Street.

Na mente patriarcal de nosso pai, o sr. V., a varanda era uma zona de perigo — na sua cabeça machista, todo espaço feminino era um perigo iminente, uma ameaça. Um homem estranho dentro da varanda do sr. V. estava fadado a se tornar um possível alvo:

entrar na varanda, em um santuário feminino, aos olhos de qualquer patriarca, era o mesmo que violar a mulher de outro homem. E todas nós — mãe, filhas — éramos propriedade de nosso pai. Como todo patriarca, de tempos em tempos ele nos lembrava a quem pertencia aquela casa. Era um mundo no qual as mulheres não tinham direitos, mas podiam ocupar a varanda. E a varanda era colonizada por ele, tornando-se uma vitrine para a qual outros homens poderiam olhar, mas nunca ter nenhum contato — era um lugar que não interessava ao nosso pai, um lugar onde ele não sentava. De fato, nosso pai sempre agiu como se odiasse a varanda. Muitas vezes, ele entrava pela porta dos fundos ao chegar do trabalho, demarcando seu território, para nos pegar de surpresa.

Aprendemos que era melhor não sermos vistas na varanda quando ele aparecesse na calçada depois de um longo dia de trabalho. Aprendemos qual era o nosso lugar: dentro de casa, proporcionando um mundo confortável para o patriarca, preparadas para nos curvar e servir — não se curvar no sentido literal, mas subordinar nossa vida. E assim era. Portanto, não era de estranhar que gostássemos tanto da varanda. Ansiávamos por sair daquele espaço vigiado pelo patriarcado da casa — que, à sua maneira, era uma prisão.

Como tantas outras coisas destruídas pela ira patriarcal, tantos espaços femininos arruinados, a varanda foi tomada de nós por nosso pai, o patriarca, em uma noite muito quente de verão. Na volta para casa depois do trabalho, dominado por um ataque de ciúme, ele começou a esbravejar assim que chegou à calçada que levava à escada, proferindo ameaças, palavrões. Éramos todas mulheres ali na varanda, separando nossos corpos como ondas no mar, abrindo espaço para que ele empurrasse mamãe com mãos violentas para dentro de casa, onde as repetidas ameaças de morte vindas dele não pudessem ser ouvidas pelos vizinhos. Esse trauma da violência masculina sufocou minha adolescência nos braços de uma profunda e permanente dor — tirou de mim a amizade feminina, a liberdade dos dias e das noites na varanda.

Encurraladas nos vãos da patriarcal guerra de gênero, ficamos sem nossa varanda, temendo que qualquer inocente aproximação masculina vista pelo nosso pai pudesse desencadear uma raiva insana. Do lado de fora, eu via à distância o desamparo de um espaço dizimado, sem energia vital e mergulhado em solidão. Mamãe e papai repararam os lugares feridos pela raiva e mantiveram o laço íntimo entre os dois. Mudaram-se da casa do sr. Porter para uma pequena casa de madeira sem varanda; e, mesmo quando uma pequena varanda foi construída, ela não servia para sentar, apenas para ficar de pé. Talvez esse espaço tenha aliviado a ansiedade de meu pai quanto ao perigo feminino, quanto ao poder das mulheres.

Sem dúvida, nosso pai, como todo patriarca, sentia que a varanda, como lugar de encontro das mulheres, representava uma potencial ameaça à dominação do macho sobre a casa. A varanda, um espaço intermediário entre a casa e o mundo das calçadas e das ruas, simbolizava um limite. Cruzá-lo abria a possibilidade de mudanças. Mulheres e crianças na varanda podiam começar a interpretar o mundo exterior com um olhar diferente daquele aprendido em um lar patriarcal. A varanda não tinha dono; nem mesmo nosso pai podia conquistá-la. As varandas podiam ser abandonadas, mas não tomadas, ocupadas por um grupo em detrimento de outros.

Um lugar democrático de encontros, capaz de abarcar pessoas com diversas histórias de vida, com diferentes perspectivas, a varanda era um espaço de trânsito livre, ancorado apenas pelo banco de balanço suspenso — até mesmo isso era um símbolo de prazer. O balanço sugeria o desejo implícito de se movimentar livremente, de ser transportado. Símbolo de diversão, capturava o permanente anseio pela infância. Ele nos levava a tempos passados, nos fascinava, nos hipnotizava com seu vaivém. O balanço da varanda era o local de construção da intimidade, do desejo que surgia com a aproximação nascida de seus movimentos.

Na minha infância, quando todos se sentavam nas varandas, em geral nos balanços, essa era a maneira de estabelecer contato uns com os outros, a maneira de criar uma comunidade. No trabalho de M. Scott Peck sobre a formação de comunidades e paz, *The Different Drum*, ele explica que uma comunidade de verdade está permanentemente unida e "tem como característica a integridade, sempre". A integridade em nossas comunidades segregadas durante minha infância e adolescência baseava-se no cultivo da cordialidade, do respeito pelos outros e do reconhecimento de sua presença. Passar pela casa de alguém, ver essa pessoa na varanda e não falar com ela ia contra os princípios da comunidade. De vez em quando, meus irmãos e eu ousávamos ignorar a prática de cordialidade, que incluía respeitar os mais velhos, e passávamos pela casa dos outros de forma esnobe, sem falar nada. Assim que chegávamos em casa, mamãe já teria recebido uma ligação reclamando que não tínhamos sido educados e respeitosos. Ela nos fazia voltar e desempenhar o ritual necessário de falar com os vizinhos sentados nas varandas.

Em *Um mundo esperando para nascer: a civilidade redescoberta*, M. Scott Peck inclui em sua discussão sobre a formação de comunidades a prática da civilidade. Ao crescer no Sul na época da segregação, fui criada para acreditar na importância da cortesia. Isso era mais do que apenas reconhecer a necessidade de ser educado, de ter boas maneiras; meus irmãos e eu deveríamos estar sempre cientes da interconectividade e da interdependência entre todas as pessoas à nossa volta. O que aprendi vendo os vizinhos em suas varandas e parando para conversar com eles, ou apenas para cumprimentá-los de um jeito cordial, foi uma forma valiosa de honrar nossa conectividade. Peck diz que a civilidade é motivada de modo consciente, sendo essencialmente uma prática ética. Ao praticar a civilidade, lembramos a nós mesmos, ele escreve, que "cada ser humano — você, seu amigo, um estranho, um estrangeiro... — é precioso". A etiqueta da civilidade vai, então, muito além do comportamento: inclui um entendimento psicoanalítico mais profundo, de reconhecê-la como algo que nos faz sujeitos em vez de objetos uns dos outros.

É longa a história de luta dos afro-estadunidenses pela reafirmação de si mesmos como sujeitos enquanto o impacto desumanizador do racismo age para nos manter no lugar de objetos. Em nosso mundo segregado do interior, vivíamos em comunidades de resistência, onde o simples gesto rotineiro de sentar na varanda era uma forma de humanização. Era comum os brancos racistas sentirem raiva ao ver um grupo de negros reunidos em uma varanda. Eles passavam despejando sobre nós expressões depreciativas, como "macacos acomodados" (*porch monkeys*), tanto para mostrar desprezo quanto para mais uma vez conjurar a iconografia racista ligando a negritude com a natureza, com animais selvagens. Por ser um limite revolucionário entre a casa e a rua, a varanda podia, assim, ser um lugar de resistência antirracista. Enquanto os brancos podiam interpretar como bem entendessem as ações de pessoas negras na rua, o indivíduo ou o grupo de negros reunidos em uma varanda desafiavam tal interpretação. O olhar racista podia apenas observar, mas nunca saber de verdade o que ocorria em nossas varandas.

Eu ainda era criança quando descobri que algumas pessoas brancas consideravam os negros inferiores aos animais. Meus irmãos e eu observávamos da varanda os brancos trazendo de volta para casa seus criados, empregadas e cozinheiras, cujo trabalho duro proporcionava conforto à vida de seus patrões. Os empregados negros sempre eram relegados ao banco de trás do carro. Ao lado dos motoristas brancos, no banco do passageiro, lá estava o cachorro, enquanto o trabalhador negro sentava atrás. Essa visão me ensinou muito sobre a interconectividade entre raça e classe. Eu me perguntava o que sentia o trabalhador negro quando chegava a hora de ir para casa e o cachorro ocupava o banco do passageiro, nunca oferecido a uma pessoa negra por causa do racismo e da supremacia branca. Mesmo criança, eu percebia a vergonha desses trabalhadores, porque eles nunca olhavam pela janela; nem se davam conta do que acontecia no mundo fora do carro.

Era como se fossem levados para casa em transe — desligar-se de tudo era uma forma de bloquear a vergonha. Como sombras silenciosas cabisbaixas no banco de trás de carros elegantes, os solitários trabalhadores nunca olhavam em direção à varanda, onde negros "libertos" reuniam-se para se divertir. Eu era a menina que eles não viam, sentada no balanço; eu sentia a dor deles, torcendo para que ela cessasse. E me sentava e balançava, para a frente e para trás, sonhando com um mundo onde os negros não sentissem medo.

Ao superar o medo racializado, abandonei o ritmo dos balanços da varanda, das noites quentes cheias de pessoas carinhosas e risadas que iluminavam a escuridão como vaga-

-lumes. Fui para a Costa Oeste para estudar, longe do indolente apartheid, fruto das leis de segregação já extintas, mas ainda muito presentes em nossa realidade. Fui para o Norte, pois o Sul me negava o direito de me tornar uma intelectual. Mas, assim como os negros descritos pela antropóloga Carol Stack, que saem do Norte para retornar ao Sul ansiando por uma vida que eles temem estar perdendo, também voltei ao lar. Para qualquer sulista que chegou a amar o Sul, ali será eternamente o seu lar. Desde o nascimento respiramos seu aroma inebriante e encantador, e o que nos conforta, no fim das contas, é o próprio ar. Desde o nascimento, nós, sulistas, somos seduzidos e marcados pelos vislumbres de uma vida cordial, uma comunhão difícil de encontrar em outro lugar. Essa vida foi encarnada por mim no mundo da varanda.

Quando estava procurando um lar no novo Sul (ou seja, o lugar onde a mentalidade segregacionista ainda se manifesta de forma grosseira), descobri uma cultura imobiliária na qual prevalece o lucro material em detrimento do desejo de manter bairros e raças puras. Como estava à procura de um lugar próximo da água que me permitisse chegar andando aonde quisesse, cercada por um cenário tropical no meio da natureza, um lugar onde pudesse visitar os amigos e sentar em suas varandas, eu me vi pesquisando bairros habitados na maioria por brancos tradicionais. Em busca do meu lar sulista, eu queria uma casa com varanda. Reformei um bangalô da década de 1920, parecido com aqueles que nos classificados da loja Sears & Roebuck eram oferecidos por menos de setecentos dólares, com ou sem banheiro. Meu prazer era trabalhar na varanda. Quando tentava conversar com vizinhos que me ignoravam ou não escondiam o fato de terem escolhido aquele lado da cidade para evitar os pretos preguiçosos, penso no sofrimento das primeiras famílias negras que compraram suas casas em bairros "brancos" na época dos movimentos pelos direitos civis — e que esse sofrimento, junto com a dor dos companheiros na luta por justiça, me deu liberdade para que hoje eu possa escolher o meu lar. Nessa comparação, o que outros negros e eu sofremos atualmente ao levar diversidade para espaços antes ocupados somente por brancos é um mero desconforto.

É importante prestar homenagem e honrar a memória desses valentes negros, que lutaram e sofreram para que hoje eu possa fazer o que quiser e morar onde bem entender. Assim, fiz de minha pequena varanda um lugar de resistência antirracista, um lugar para praticar a etiqueta da civilidade. Eu e as minhas duas irmãs que moram próximas de mim costumamos nos acomodar na varanda. Acenamos para todos os passantes, a maioria brancos, a maioria resistente à nossa presença ali. Mulheres brancas sulistas, tanto idosas quanto jovens, são as que menos se esforçam para ser cordiais. Aqui no novo Sul, muitas mulheres brancas sentem falta dos velhos tempos, quando havia uma negra para servi-las, oprimida pela força da pele branca delas. Uma proprietária negra rompe com essa fantasia machista racializada. Não importa quantas mulheres brancas desviem o olhar. Olhamos para elas e, sustentando o olhar, confirmamos nossa subjetividade. Falamos com elas, oferecendo a hospitalidade sulista, a civilidade ensinada por nossos pais para que fôssemos cidadãs responsáveis. Falamos com todo mundo.

De brincadeira, chamamos essas pequenas intervenções de mais um "momento Martin Luther King". Apenas sendo cordiais, cumprimentando, "interagindo", estamos fazendo um trabalho antirracista de integração não violenta. Isso inclui conversar e dialogar com os poucos negros que passam pela varanda, a maioria trabalhadores mal remunerados e maltratados. A eles, oferecemos nossa solidariedade na luta. No famoso ensaio de King chamado "Loving Your Enemies" [Ame seus inimigos], ele nos fez refletir que se aproximar dos outros com amor é o único gesto de civilidade capaz de criar as bases de uma verdadeira comunidade:

> O amor é a única força capaz de transformar um inimigo em um amigo. Nunca vamos nos livrar de um inimigo respondendo ao ódio com o ódio; nos livramos de um inimigo ao eliminar a hostilidade. Por sua natureza, o ódio destrói e devasta; por sua natureza, o amor cria e constrói. O amor transforma com seu poder de redenção.

Dentro do meu lar no Sul, consigo criar um mundo livre da hostilidade racista. Quando vou para minha varanda, eu me conscientizo sobre questões de raça ao perceber o olhar hostil e racista de alguns brancos, e consigo diferenciá-lo do olhar acolhedor de boas-vindas e reconhecimento de indivíduos brancos que também entendem a etiqueta da civilidade, da construção comunitária e da paz.

O "bangalô luz das estrelas" — assim nomeado na planta divulgada nos classificados da Sears & Roebuck da década de 1920 —, meu lar atual no Sul (como boa nômade moderna, não fixo residência em um lugar), tem uma varanda enorme. De estuque sobre madeira, a casa foi remodelada para ganhar um ar mediterrâneo. A aparência arquitetônica da varanda não é convidativa para um balanço, uma cadeira de balanço ou mesmo um banco comum. Coberta com ladrilhos mexicanos cor de areia, não é uma varanda destinada a um verdadeiro repouso. Por ser larga, com arcos e colunas arredondados, ela convida as pessoas a abrirem a alma, a entrarem no coração da casa, atravessando uma soleira tranquila.

Quando voltei para o Sul, senti falta de uma varanda ideal para receber amigos e ter conversas noite adentro. No entanto, por ser fiel à minha voz interior, eu aceito a vontade arquitetônica da varanda e a deixo como está, sem assentos a mais, apenas uma estrela de estanho como decoração. A varanda é destinada a permanências curtas, com bastante espaço para ficar de pé, olhar o exterior e observar o que se passa na vizinhança, um lugar para fazer contatos — um lugar para ser visto. Nos antigos classificados da Sears & Roebuck, as casas recebiam nomes e uma descrição de qual tipo de vida seria imaginada nelas. O meu "bangalô luz das estrelas" era descrito como "um lugar para uma vida distinta e única". A primeira vez que me sentei na varanda, antes mesmo de entrar na casa cheia de luz natural, proclamei, com a velha linguagem sulista: "Minha alma agora pode descansar". A varanda perfeita é um lugar de descanso para a alma.

No Kentucky, minha casa nas colinas possui uma varanda larga com vista para o lago, do qual tiramos a água para consumo. Não é uma varanda para encontros e confraternizações. Por ser uma casa empoleirada no alto da colina, ninguém passa por ela ou pela varanda. Assim como o "bangalô luz das estrelas", a varanda é destinada a "quietude e repouso". Ela convida ao silêncio — que permite ouvir as vozes divinas ao redor.

11. juntando todas as peças

Observando as artesãs de colchas de retalhos trabalhando à mão, vejo uma prática natural de atenção plena. A atenção fica concentrada, focada, repetitiva. Sarah Oldham (Baba), minha avó materna, encontrou na confecção de colchas uma forma de, como mulher, aprender a ter paciência e a quietude da mente e do coração necessária na vida adulta para dar conta do trabalho, da casa e da família. Por ter aprendido essa arte na infância e continuar a exercê-la até a morte, Baba dedicou-se à contínua prática da paciência, combinando espiritualidade com imaginação criativa. Na tranquilidade, costurando sentada, era capaz de ouvir melhor a voz divina, tornando visível a presença de deus em seu trabalho. Baba era paciente, mas não quieta. Enquanto criava beleza, encontrou um jeito de falar, uma forma de se manter em movimento além das palavras.

A criatividade não é quieta. Para mim, é comum surgir a vontade de criar como um arrebatamento do meu âmago. Igual aos tremores que precedem um terremoto, esse arrebatamento indica o despertar, a inquietação dos meus sentidos, a possibilidade de me mover pela imaginação como uma onda feroz prestes a me arrastar, me levar para outro plano, um lugar de êxtase. A raiz da palavra "êxtase" significa "para fora e de pé", e é isso que faz a criatividade: permite ao criador mover-se além de si em direção a um lugar de possibilidade transcendente, a um lugar na imaginação onde tudo é possível. E, nesse processo, o criador move-se além dos limites e da veneração. No perspicaz livro *Uma vida que vale a pena*, Jonathan Haidt escreve: "A reverência é a emoção da autotranscendência". Os artistas reconhecem a visão que precede a criação de uma obra, vinda de um lugar que não se pode nomear nem localizar, um lugar de mistério, e é esse motivo que os leva a reverenciar a criação. E essa reverência não é uma competência exclusiva de quem é escolarizado nem algo passível de aprendizado; ela é democrática. É uma experiência que pode ocorrer com qualquer um, independentemente de raça, gênero, nacionalidade, classe; pode estar presente em qualquer um que faça arte.

Sempre surgem histórias sobre estratégias de sobrevivência usadas para manter a esperança em situações de desespero e ameaça, quando as pessoas estão sujeitas a opressão, desumanização e violência. Contam-se histórias sobre como somos capazes de manter a dignidade mesmo em situações intoleráveis. A primeira vez que ouvi essas histórias foi de Baba, quando ela contava sobre a vida durante a escravidão e depois dela. Baba falava sobre as perversidades que ouvia, às quais era submetida quando criança, e do papel da confecção de colchas de retalhos tanto como uma necessidade prática da vida (fazer cobertores para manter o corpo aquecido no frio) quanto como arte, a energia da imaginação que torna a vida possível, a arte por trás da criação das colchas.

Em tempos mais recentes, é possível ler a histórias de vida das artesãs negras de Gee's Bend, Alabama, e reverenciar sua vida e suas obras. Reconhecidas há pouco tempo, elas encontraram um meio de falar sobre as dificuldades que enfrentam todos os dias, vivendo o que chamam de uma "vida de fome", na qual todos precisam se virar, tirar leite de pedra. E, mesmo passando por uma vida de dificuldade, dor e tristeza, elas encontraram o prazer pelo prazer, pelo êxtase, um lugar onde podem transcender. Esse lugar é o da arte de confeccionar colchas de retalhos.

Por anos, guardei um pedaço da parte de cima de uma colcha que Baba me deu antes de eu sair para estudar na universidade. O molde era a estrela de davi, e cada ponta da estrela foi feita do tecido dos vestidos de verão de minha mãe e suas irmãs. Elas amavam tanto esses vestidos que os usaram até ficarem bastante desgastados. Mas esse algodão, que em outra cultura viraria trapo, foi transformado em tapeçaria, uma história visual do prazer dos tempos de verão. Sentada em uma cadeira de balanço no andar de cima da Broad Street, 1.200, a casa da infância de mamãe, eu me debruçava sobre essa colcha como se fosse um livro, e Baba contava a história de cada vestido e de qual filha o havia usado. Então eu podia imaginar minha mãe e suas irmãs, lindas meninas, se esbaldando no verão, usando os vestidos de que elas mais gostavam.

Levei esse pedaço da colcha em todas as minhas jornadas, embalando-o em fronhas de algodão (porque uma colcha nunca deve ser guardada dentro de plásticos). Não perdi nenhuma oportunidade de compartilhar esse tesouro precioso com quem valorizasse lindas antiguidades. Mas, sempre que alguém pedia essa peça para fazer uma colcha para mim, eu não conseguia confiar o suficiente para entregá-la. Tinha medo de perdê-la, assim como havia perdido minha Baba, que tinha partido para um lugar onde ela não poderia mais costurar. Quando minha avó imaginava sua própria vida após a morte, ela não se via fazendo muito mais do que já fizera em vida. O paraíso, para ela, era uma grande varanda onde ela ficaria sentada por bastante tempo e aproveitaria a luz calorosa e fresca do sol. Talvez a luz do sol não pudesse ser quente, porque assim pareceria estar em algum tipo de inferno. Não, ela estaria em alguma varanda divina, sentada, de olho na movimentação dos anjos, da mesma forma que sentava em sua varanda no Kentucky e observava o mundo. Quando éramos jovens, ela nunca estava sozinha na varanda. Mas, quando começou a envelhecer e, como o pastor disse no funeral dela, "os amigos escolhidos para a vida" se foram, ela sentava na varanda, balançando-se sem a companhia de ninguém, apenas olhando o mundo lá fora.

Eu gostaria de saber como ela me vê agora. Eu me pergunto o que acharia da minha ideia de voltar a morar no Kentucky. Sem dúvida, ela tem a convicção de não ser natural alguém morar longe do seu povo e que o melhor jeito de salvar a alma é voltando para casa, mesmo que seja só para morrer. Vimos muito disso durante nossa infância e adolescência. Pessoas que viveram no Norte durante toda a vida voltando para casa para morrer. Com certeza, Baba sabe que voltei para viver — e, sim, morrer um dia, mas espero que esse dia demore a chegar.

O lugar que escolhi para me estabelecer é conhecido pela presença de artesãos do Kentucky, muitos deles dedicados à criação de colchas. Ao mostrar a parte da colcha de minha avó para minha vizinha e amiga Alina Strand, ela me diz conhecer a pessoa certa para fazer dessa peça uma nova colcha para mim. Ela ouve meus receios sobre perder o último pedaço vivo de infância compartilhado na intimidade com minha avó, e garante que me entende. Mas ela diz com sua voz sem rodeios, num tom de "eu-sei-do-que-estou-falando": "Me dê esse pedaço da colcha, vou entregá-lo a dona Pauline. Ela vai saber o que fazer e vai acertar". Essa senhora é uma fortaleza, ela me diz, "que se dedica à confecção de colchas desde menina. Ela vai costurar sua colcha à mão. Você vai ver". Espero a visita da minha irmã V. antes de entregar a peça. Preciso de uma testemunha. Pergunto a Alina: "E se eu estiver para morrer e vocês todas se esquecerem da minha colcha?".

Quando eu partir, digo a elas, "essa colcha precisa ficar na família de algum jeito, ela precisa contar a história". É isto que as tecedoras mais antigas de Gee's Bend compartilham: uma colcha é tanto um registro de história de vida quanto uma coberta confortável. Na introdução à grande obra sobre o trabalho delas, *The Quilts of Gee's Bend* [As colchas de Gee's Bend], Alvia Wardlaw fala sobre a geografia cultural documentada nessa história coletiva da confecção de colchas de retalhos: "As mulheres de Gee's Bend consideram suas colchas não somente presentes para os familiares, mas também símbolos de suas naturezas únicas — uma combinação de negócio e engenhosidade, uma marca singular de suas capacidades como donas de casa". De todas as formas, Baba se orgulhava de sua casa, dos ovos de suas galinhas poedeiras, do peixe fresco que pescava no riacho ou das colchas que confeccionou ao longo do tempo. Tudo era uma comprovação de sua arte — de sua habilidade de se reinventar, de seu poder de autodeterminação.

Senti a mais pura alegria no dia em que abri a colcha "estrela de davi", agora reformada, de Baba. Minha alma ficou tocada com esse encontro de duas grandes tecedoras, uma morta, outra viva, ambas com o conhecimento de como dar o sopro de vida a retalhos de tecido. Quando dona Pauline terminou seu trabalho, recebi uma colcha linda para contemplar; meus olhos se encheram de lágrimas. A colcha feita à mão era, por si só, uma obra de arte. Era como se cada ponta da estrela tivesse sido costurada com um olhar atento e cuidadoso. A colcha exigiu uma conversa entre a mulher morta e a mulher viva. Como muitas mulheres brancas mais velhas das colinas do Kentucky, dona Pauline teve pouco contato com pessoas negras durante a infância e a juventude; com essa colcha, entretanto, estava fazendo uma conexão. Ela e suas irmãs criaram um laço com Sarah Oldham, descobrindo-a pela sua maneira de costurar, de juntar os pedaços. Dona Pauline ria ao compartilhar comigo os detalhes da personalidade de Baba percebidos naquele pedaço de colcha, dizendo que "ela era uma mulher forte — uma mulher decidida". Geraldine Westbrook, uma das tecedoras de Gee's Bend que começou ainda jovem, afirma: "Eu não sigo nenhum padrão. [...] Quando você senta, precisa encontrar algo só seu, descobrir uma forma de juntar esses tecidos". Pensadoras feministas começaram agora a dar atenção à arte da confecção de colchas, tanto individual quanto coletivamente, como um trabalho de conscientização poucas vezes criado por um ser submisso. Assim afirma Alvia Wardlaw quando escreve sobre as artesãs de Gee's Bend em sua criação de arte pública, declarando:

> Ela então fez sua própria declaração de corajosa independência, de certo modo quase desafiadora, porque, em meio a quase épicas e trágicas sagas de pobreza e tormento, teve a audácia de criar algo deslumbrante e bonito nunca visto antes e que nunca será visto dessa mesma forma de novo, e é tudo dela [...].

É evidente que esse é o poder da imaginação, que essa arte pode nos transformar, pode inflamar um espírito de sobrevivência transcendental.

Porque o espírito da autoconfiança e da autodeterminação advindo da criação de colchas no passado e ainda no presente, pela fusão da praticidade com o olhar artístico, incita de tal forma a imaginação que quase sempre leva à conscientização e ao crescimento emocional. Esse espírito de autoconfiança com frequência cria o contexto social para a sobrevivência, proporcionando momentos de triunfo e possibilidades. Embora a maioria das artesãs mais velhas de Gee's Bend fale sobre crescer em um ambiente difícil, enfrentando adversidades, muitas delas viveram por muitos anos. E viveram sua glória. Todas trabalharam pesado nos campos, assim como confeccionaram colchas de maneira consistente.

Decerto, as donas de casa do passado não faziam diferenciação entre o trabalho pesado no campo e o trabalho doméstico dentro dos lares. Há muito a escrever sobre a conexão entre ecopsicologia e a arte de confeccionar colchas. Quase todas as mulheres negras mais velhas que fizeram colchas maravilhosas durante a minha infância e adolescência também cultivavam plantas — alimentícias e ornamentais. A colcha em minha cama hoje é chamada "o jardim de flores da vovó". Na história de negras criadoras de colchas, revela-se uma imaginação empoderadora.

Ao escrever sobre o poder da imaginação em um ensaio sobre a Guerra de Secessão, Wendell Berry enfatiza que

> a força individualizadora da imaginação é uma força de justiça. [...] A imaginação, se abundante em determinado lugar, aproxi-

ma cada vez mais o que queremos do que temos. [...] Para a imaginação ter valor, ela precisa ter um efeito prático, econômico. Precisa nos estabelecer em lugares com um respeito prático pelo que está ali ao nosso redor. Acredito que o maior resultado mundano da imaginação seja a adaptação ao meio. Se pudéssemos aprender a pertencer de forma completa e verdadeira ao lugar onde vivemos, então poderíamos finalmente ser nativos americanos e, assim, teríamos um multiculturalismo autêntico.

Ninguém passa muito tempo falando sobre colchas e justiça, colchas e os usos da imaginação. Mesmo assim, o uso prático e regional das colchas confeccionadas para aquecer as famílias representa uma atitude importante de reciclagem, de não permitir o desperdício de nada. Esse uso econômico dos tecidos foi e é uma contribuição essencial para o desenvolvimento da sustentabilidade. As colchas representam uma forma de arte incrivelmente democrática. Foram criadas e utilizadas por pessoas de todas as classes e raças. São um grande símbolo da democracia. Elas mantêm pessoas aquecidas e, ao mesmo tempo, trazem beleza e criatividade a sua vida. Como forma de arte pública, as colchas promovem estética e beleza no cotidiano dos pobres, daqueles privados de poder econômico e privilégios, com acesso ou não à educação formal, talvez sem a possibilidade de adquirir conhecimento acadêmico por meio de livros.

Baba não sabia ler nem escrever. Mas esse fato sobre sua vida só vinha à tona se ela mesma contasse (sempre com amargura, porque foi forçada a deixar a escola ainda muito criança para trabalhar no campo). Seu mundo interior era ocupado por uma atividade criativa constante. Sempre estava fazendo algo. E, como muitas pessoas do interior do Kentucky, era capaz de conversar por horas e contar uma boa história. Suas histórias ainda vivem em suas colchas. Se todas fossem reunidas e exibidas, revelariam uma cultura do lugar construída de maneira muito cuidadosa e cheia de imaginação.

Felizmente, hoje, as artesãs de Gee's Bend recebem atenção nacional, por isso é possível que seja mais difundido o conhecimento sobre a arte da confecção de colchas na vida das mulheres negras pobres e da classe trabalhadora do Sul. A atenção a essa cultura do lugar não deve ser vista, de maneira alguma, como uma expressão de criatividade extinta ou em extinção, a ocupar um espaço de memória. Ao contrário, devemos considerá-la parte de um *continuum*, com a certeza de que esse legado de criatividade, de uso da imaginação para o bem-estar, ganhará novas e diferentes formas se for adequadamente honrado. Muitas artesãs negras nunca terão seus trabalhos reconhecidos pelo público, o que não diminui o seu poder transformador na cultura local. Seja em uma mansão ou em um barraco, a arte de confeccionar colchas pode abrir os olhos para a beleza, para uma estética de possibilidades infinitas.

12.
sobre ser uma escritora do Kentucky

Ser uma escritora do Kentucky é, para mim, uma questão de criação e sensibilidade. Tudo que escrevi até hoje e o que ainda escrevo tem a influência particular da minha infância nas colinas do Kentucky e da adolescência na cidade. Essa sensibilidade pode ser comparada ao ato de condimentar uma refeição. Uma erva ou um ingrediente em particular usado para temperar um prato pode conferir a ele uma característica especial — até mesmo incomum, excepcional. Quem come pode sentir a diferença, embora sem ter ideia de onde venha. Um mesmo prato pode ser preparado e consumido no mundo todo, mas, feito por diferentes cozinheiros, pode adquirir sabores diferentes. Assim como muitos grandes e competentes cozinheiros, posso saber qual tempero faz com que meu prato seja único, mas nunca revelar meu segredo. Quando o segredo é revelado ou descoberto, a essência sedutora pode se perder.

Para começar este ensaio sobre o que é ser uma escritora do Kentucky, escolhi fazer uma analogia com comida porque os pratos caseiros de Rosa Bell, minha mãe, uma cozinheira de mão-cheia (mesmo em idade avançada, hoje enfrentando a perda da memória recente), nutriram minha alma e meu espírito. Na primeira vez que saí do Kentucky, não conseguia descobrir lugares onde pudesse encontrar a comida com a qual estava tão familiarizada, e me senti extremamente estranha. Comer algo desconhecido ao meu paladar e meu apetite era um lembrete constante do quão peculiar era o mundo de onde eu vinha. Longe de casa, ninguém conhecia a comida da minha infância. Ninguém do meu convívio fora do Kentucky tinha noção de nossa cultura alimentar.

Não era fácil falar sobre minhas vontades, sobre as esperas familiares que aguçavam meus sentidos. Guardei essas sensações. Eu as afastava de mim. Eu não sentia necessidade de conversar com os outros sobre a falta que a comida caseira me fazia. Eu não sentia necessidade de explicar o sentimento de profunda falta que me assolava na hora da refeição. Nas raras ocasiões em que senti a necessidade de explicá-lo, as palavras nunca estavam frescas ou saborosas o suficiente. Elas não davam conta de transmitir a sensibilidade aprendida de boca em boca, de coração em coração. Ainda hoje, quando visito minha família, Rosa Bell prepara a comida caseira — nutrindo corpo e alma com receitas passadas por gerações de mulheres do Kentucky.

A questão geográfica moldou minha perspectiva, tornando tudo mais complexo. Saindo de uma pequena cidade rural do Kentucky para encarar o mundo sem fim, ficou clara para mim a singularidade da minha sensibilidade *bluegrass*. Diferentemente da maioria dos meus colegas de faculdade, em decorrência de circunstâncias de nascimento e origem, eu me vi obrigada a enfrentar as interseções de geografia, raça, classe e gênero. Quando deixei Hopkinsville, no Kentucky, para entrar na faculdade, a geografia, mais do que qualquer outro fator, moldou meu destino. Meu sotaque do Kentucky sempre me separou dos meus colegas. E, embora eu não tenha demorado muito para mudar a maneira como me expressava, em meus sonhos eu falava com a língua do meu lugar de origem. Aprendi ainda menina no Kentucky, uma criança do interior, a silenciar as formas de pensar e de existir; mas isso não fez com que essa sensibilidade deixasse de ser a base de meus pensamentos e minhas ações.

A escrita era o lugar onde podia expressar melhor essa sensibilidade sem chamar atenção abertamente para a geografia. Na minha formação em língua inglesa, tanto na graduação quanto na pós-graduação, aprendi que o objetivo de um escritor é ser universal. Por isso me esforçava em manter o "eu" e minha personalidade fora da minha escrita, ou pelo menos enterrá-los tão fundo que seria difícil encontrá-los. No fim me dei conta de que essa combinação do universal com a ausência de personalidade na escrita é uma falsa dicotomia, pois, ao chamarmos atenção para um sentimento específico e único, convidamos os outros a sentir uma identificação empática que faz o específico também englobar o universal. Durante os anos em que busquei a afirmação de uma hierarquia acadêmica elitista masculina e branca (em sua maioria), permiti que meu eu e minha voz pessoal fossem diminuídos em detrimento de um imperialismo cultural simbólico que fingia focar um ser universal para mascarar o som alto e agressivo de uma visão particular de mundo: a de homens brancos elitistas.

Em *The Language of Cannibals* [A linguagem dos canibais], George Chesbro critica a cultura dominante, afirmando que "a maneira mais rápida de destruir uma sociedade é corromper sua linguagem". E continua: "As mentiras são a linguagem dos canibais". A dedicação à verdade, uma força propulsora em minha vida e trabalho, foi algo que aprendi na minha criação. Era uma parte essencial do *éthos* cultural da vida do interior no Kentucky, dos meus ancestrais e parentes do campo. A verdade era essencial para a mentalidade anárquica de resistência deles, para aquela rebeldia contra as normas estabelecidas. Eles tinham orgulho de sua habilidade de cortar pela raiz toda a falsidade e encontrar o autêntico e real tesouro. Rebelar-se contra uma falsa autoridade foi essencial à liberdade que aprendi com o povo do campo.

Ainda assim, essas crenças fizeram apenas com que me sentisse uma estranha quando deixei o mundo pobre da classe trabalhadora no Kentucky para entrar em uma faculdade de elite. Ali, descobri que as pessoas consideravam ingênua a minha preocupação com a integridade e a honestidade, mais um hábito que me marcava como uma pessoa caipira, não sofisticada. Como todos os nativos do Kentucky que abraçaram os valores anarquistas do campo, eu me sentia uma *outsider* mesmo antes de sair de lá. Judy Lief oferece sua compreensão sobre o significado espiritual de ser um *outsider*:

> O *outsider* está pronto para erguer a voz quando os outros estão em silêncio, pronto para desafiar a sabedoria convencional, pronto para sacrificar seu próprio conforto e sua reputação para tirar as pessoas do desespero e reconectá-las com o sagrado. O *outsider*, pelo exemplo pessoal, apresenta uma visão alternativa da realidade, uma forma alternativa de viver a vida.

Embora soubesse viver como uma *outsider* nas colinas do Kentucky, não fazia ideia de como sobreviver e prosperar como uma *outsider* em um mundo mais convencional.

Como muitos *outsiders* envolvidos com artes, eu me abriguei no mundo da cultura boêmia, de escritores e artistas que recebem um novo mapa de vida, um plano de como estar na moda e ser descolado. Esse mundo era tão pouco receptivo a *outsiders* geográficos quanto o mundo conservador de preconceitos e hierarquias. Ser do interior, com uma sensibilidade "do interior", não era bacana nos círculos moderninhos, assim como não o era na cultura hegemônica. No mundo descolado e hedonista, o desdém em relação ao compromisso com a verdade, com a honestidade e com uma vida íntegra era tão grande quanto na cultura dos canibais. Quando me vi uma poeta e artista visual metida nesse mundo, senti a necessidade de esconder todos os valores que aprendi no Kentucky bem no fundo da minha própria subcultura geográfica pessoal e particular.

O movimento feminista, com seu foco em recuperar a história das mulheres e contar sua trajetória, foi o contexto político e social cuja demanda pela reivindicação da voz individual e coletiva das mulheres estava ligada à valorização do diferente, considerando uma cultura de raízes. Era impossível conjurar as vozes das minhas ancestrais femininas e não ouvir suas histórias, suas palavras, as nuances das colinas do Kentucky, o forte sotaque, as raízes escondidas da antiga língua inglesa e da cadência apalache. Para retornar à voz da mãe original, precisei retornar à minha própria linguagem do Kentucky. A voz que nunca usei no ambiente acadêmico era o que faltava para reafirmar minhas conexões com o lugar de origem.

O meu lar é o Kentucky dentro da minha mente e do meu coração; ele é real e mítico ao mesmo tempo, diferentemente da experiência concreta de viver no estado do *bluegrass*. O Kentucky da minha mente no exílio geográfico sempre foi mais doce do que a cultura da vida real no interior. Quando saí de casa, levei comigo memórias muito profundas sobre como era a igreja antigamente e o quanto a frequentava, mas não procurei outras igrejas por onde passei. Por me identificar com práticas que se afastavam de qualquer ideia de institucionalização do espírito divino e do mundo espiritual, decidi seguir uma espiritualidade particular, longe do olhar convencional da religião patriarcal e do deus pai.

Quando minha carreira na escrita se desenvolveu e me tornei mais conhecida, ninguém me perguntava nas entrevistas se eu me considerava uma escritora do Kentucky. Ao escrever sobretudo não ficção, geralmente críticas sociais e políticas sem mencionar um espaço geográfico específico, meu trabalho quase nunca parecia estar conectado à região onde fui criada. Quando comecei a escrever crítica cultural, muitas vezes com base em experiências pessoais, eu escrevia abertamente sobre o meu passado no Kentucky, mas não costumava identificar meu estado natal. Os leitores me viam apenas como uma escritora com raízes "sulistas". Se o meu trabalho fosse ficcional, talvez o papel do espaço geográfico enquanto lugar de origem e constância temática viesse a ser reconhecido de maneira mais crítica para a formação da minha sensibilidade como escritora.

Quanto mais conhecido se torna um pensador, um escritor, sobretudo se não tiver nascido em um grupo social privilegiado, mais ele ouve perguntas sobre sua trajetória. Para mim, todos os anos vividos no Kentucky e os anos em que apenas o visitei são a base da minha formação como crítica e escritora. Toda a sensibilidade excêntrica do interior do Kentucky, suas nuances e seus sabores singulares misturados com todas as minhas outras experiências me tornaram quem sou.

Como o caruru-de-cacho,[19] planta muito utilizada no Kentucky, capaz de mudar o sabor se misturada ao nabo, à couve ou às folhas de mostarda, a cultura caipira, o *éthos* da vida no interior, é o ingrediente singular que molda o meu ser. É esse o alicerce que me faz abraçar de coração aberto a realidade: sou, de fato, uma escritora do Kentucky.

---

[19] No original em inglês, *poke*. Refere-se à *Phytolacca americana L.*, planta abundante no Sul dos Estados Unidos. O termo em português é a espécie mais próxima encontrada no Brasil. [N.T.]

13.
de volta à ferida

Quando comecei a lecionar no Berea College, meu primeiro seminário curto teve como foco o trabalho do escritor Wendell Berry, natural do Kentucky. Ler e escrever poemas me guiaram até a obra dele. Abracei sua escrita de corpo e alma, empolgada por descobrir, no final da adolescência, um escritor do Kentucky cujo trabalho evocava uma paisagem interior tão familiar para mim. Ler Berry, suas citações poderosas como "nós machucamos e somos machucados e temos uns aos outros para nos curar", era como entrar em um lugar onde as palavras renovam o espírito e dão à pessoa um motivo para se apegar à vida. Ao descobrir o trabalho de Wendell Berry, comecei a ler tudo o que ele tinha escrito.

Sua visão de uma cultura do lugar na qual estabelecemos um lar em um mundo enraizado no respeito por todas as formas de vida, pela terra e pela comunidade, onde há um alicerce espiritual e uma celebração estética da beleza, onde existe a alegria pura dos simples prazeres, foi um farol que guiou meus passos. Meu desenvolvimento como intelectual, pensadora crítica, poeta, ensaísta e "escritora" segue um caminho traçado por Berry. Como Berry, eu escrevo poesia, ensaios, ficção e crítica cultural. Até mesmo nossas trajetórias pelo mundo trilharam um curso parecido: lecionamos na Universidade Stanford, na Califórnia, e trabalhamos na cidade de Nova York para, no fim, voltar ao Kentucky — e firmar o lar definitivo em nossa terra natal. Vinte anos separam nossas experiências. Quando Wendell voltou ao Kentucky e comprou um sítio, na primavera de 1964, eu ainda era uma típica moradora do estado, nunca tinha saído daqui e não passava pela minha cabeça morar em outro lugar.

Fazendo uma reflexão sobre seu regresso, Wendell declara:

> Este retorno finalmente me exilou de um europeísmo decorativo que ainda é visto como cultura por muitos estadunidenses. Minha mente foi atirada de volta para suas raízes: meu lar, meu interior, meu próprio povo e minha história. [...] De repente me dei conta de que existe outra medida para minha vida que não seja a quantidade, tampouco a qualidade, da minha produção escrita; um homem, pensei, deve ser julgado pela boa vontade de estar presente onde estiver e pelo significado de sua presença ali, pelo seu esforço de se sentir em casa em seu lugar no mundo. Eu quis desesperadamente aprender a pertencer ao meu lugar.

Meu senso de pertencimento a uma cultura do lugar é profundamente influenciado pelas palavras e pela sabedoria de Wendell Berry. Sua voz, para mim e muitos outros leitores, é profética. Em uma entrevista, perguntaram como ele se sentia por ser visto dessa forma, ao que ele respondeu: "Todos nós deveríamos ser profetas, ou seja, precisamos sempre enxergar a verdade e contá-la".

Uma das verdades mais profundas de nossa nação é o racismo impregnado e a supremacia branca, que continuam sendo a base da política cotidiana. Diante da incapacidade das iniciativas pelos direitos civis de criar um programa para destruir sistematicamente o racismo, na teoria e na prática, muitos cidadãos do país começaram a enxergar raça e racismo como assuntos a serem excluídos das discussões públicas. Mas esse não era o caso de Wendell Berry. Na verdade, em resposta à luta pelos direitos civis contra o racismo, ele escreveu *The Hidden Wound*, publicado pela primeira vez em 1968, livro que é parte constante do meu material de ensino. Há pouca discussão pública sobre raça e racismo no Kentucky. A dominação e a subjugação de negros por brancos no passado e no presente incitam memórias de vergonha, mergulhando as pessoas em um silêncio profundo que precisa ser quebrado se quisermos, um dia, criar em nossa terra natal um ambiente onde o racismo não nos machuque nem deixe suas marcas todos os dias.

The Hidden Wound é um livro de memórias entremeadas à reflexão crítica sobre raça e racismo. Berry argumenta:

> Parece-me que o racismo não seria capaz de criar uma mera divisão mecânica entre duas raças; pelo menos não nos Estados Unidos. Ele envolve uma dinâmica emocional que causou um transtorno no coração da sociedade como um todo e em cada um de nós. Criou divisões não somente entre brancos e negros, mas entre homens negros e mulheres negras, entre homens brancos e mulheres brancas; criou uma barreira entre os brancos e seu trabalho, entre os brancos e sua terra. Fragmentou nossa sociedade e nossa mente.

Para enfrentar essa fragmentação, devemos entrar em confronto pessoal direto e desafiar continuamente uns aos outros para trabalhar pelo fim da dominação racial, pelo fim do racismo por dentro e por fora. Escrever *The Hidden Wound* foi a forma encontrada por Berry para fazer parte da luta pelos direitos civis, ao oferecer uma compreensão mais complexa das relações sociais entre negros e brancos em meio a um intenso apartheid racial.

Esse trabalho é um testemunho importante. Muito antes de os estudos culturais contemporâneos incluírem a análise da "branquitude" como uma disciplina essencial para o completo entendimento da forma como o racismo moldou nossa consciência nacional, Berry já pensava criticamente sobre o assunto. Em *The Hidden Wound*, ele apresenta uma leitura crítica sobre como a branquitude construiu uma identidade enraizada na dominação — a necessidade de um outro explorado e oprimido — que serviu para distorcer a realidade tanto de brancos quanto de negros. E, o mais importante, Berry começa a desconstruir a branquitude ao analisar a história de sua família, as relações entre ele e as pessoas negras com as quais conviveu durante a infância no Condado de Henry, Kentucky. Ele revela um retrato íntimo de sua relação com duas pessoas negras que trabalharam e moraram nas terras de sua família. Ao recordar a interação social com Nick Watkins e tia Georgie, Berry tenta mostrar que a cultura dominante e o apartheid racial mantido por ela não são capazes de evitar uma relação de intimidade entre pessoas negras e brancas. E enfatiza o poder humanizador dessa intimidade, embora ela surja justamente em uma situação de desumanização social.

Ao longo da descrição de suas relações com Nick e tia Georgie na infância, Berry é cuidadoso ao reconhecer a possibilidade de o privilégio branco influenciar seu ponto de vista, que sua descrição dessas duas pessoas pode não ser a mesma que eles próprios fariam de si. E, embora não haja dúvidas de que suas reflexões pessoais incluam, às vezes, relatos sentimentais de um laço infantil com duas pessoas negras, sua intenção é sempre mostrar ao leitor a humanidade inerente a eles. A intenção é fazer os leitores entenderem que, apesar da persistência do racismo, essas relações inter-raciais se formaram a partir de um reconhecimento mútuo; que a vida vai além da raça e oferece outros elementos que permitem a indivíduos negros e brancos se amar de maneira mútua. Tendo como pano de fundo a vida dessas duas pessoas negras comuns aparentemente subjugadas, ele procura apresentar aos leitores um mundo de inteligência emocional e consciência poderoso o suficiente para mediar a dominação e fazer da igualdade de anseios e desejos, e não da cor da pele, a medida do significado. Ele afirma:

> E, assim, escrevo as minhas memórias de Nick e tia Georgie com todos os detalhes, não com o intuito de [...] reexaminar e esclarecer o que sei ser um recurso moral, uma parte do legado vital e formador da minha infância. A memória que tenho deles é uma das forças persistentes no desenvolvimento de minha mente. Se eu luto para eliminar o racismo que percebo em mim, muito disso se deve às minhas lembranças sobre o meu sentimento de lealdade a eles. O fato de ter voltado à minha terra natal, para viver ali consciente de sua natureza e suas possibilidades, se deve em parte a alguns ensinamentos e exemplos que recebi deles.

É interessante notar que o retrato de Berry sobre Nick Watkins e tia Georgie me faz lembrar das pessoas com as quais convivi na minha infância e adolescência em um mundo segregado.

Berry foi um dos primeiros escritores do Kentucky a documentar em uma obra de não ficção a especial consciência contestadora dos negros subjugados, tema recorrente em meus textos. Nos muitos ensaios que escrevo sobre família e comunidade, descrevo uma cultura de pertencimento na qual pessoas como Nick e tia Georgie são a norma. Berry reconhece o profundo envolvimento dos dois com o mundo natural, com a sustentabilidade, com um universo metafísico além da raça. Sua intenção é fazer os leitores entenderem que, apesar do poder do racismo, até certo ponto Nick e tia Georgie levavam uma vida interior de acordo com sua própria imaginação. Os valores e as crenças do mundo criado por eles tinham sobre suas ações influência igual, ou até superior, às restrições impostas pela dominação racial. Quando comecei a me recordar e a escrever sobre os anciões negros peculiares que inspiraram minha visão de mundo, passei a enxergar a importância do trabalho de Wendell de documentar a biografia de Nick Watkins e tia Georgie.

Como a história se nega a dar voz a tantos cidadãos pobres e carentes de nossa nação, independentemente da cor, faz-se necessário documentar experiências diversas e dar espaço a elas. Eu precisava colocar as histórias de Berry sobre Nick e tia Georgie ao lado das minhas sobre Baba, vovô Gus, vovó Ray, vovô Jerry e tantos outros negros que trabalharam nos campos do Kentucky, que nos ensinaram sobre a importância da natureza, de ouvir e acreditar no espírito divino. O fato de eu ser negra como eles não significa que eu dê voz à maneira exata como eles mesmos contariam suas próprias histórias. No entanto, é muito importante que suas visões — sua vontade de viver com base em noções transcendentais de liberdade e possibilidade — sejam registradas. Eu não seria o que sou hoje sem o testemunho deles. Wendell Berry espelha esse sentimento quando fala sobre Nick e tia Georgie.

Em minhas viagens pelo país, não perco a oportunidade de perguntar às pessoas qual é a força que as impele a resistir contra a cultura dominante, a enfrentar a dominação e a opressão racistas. A resposta é quase sempre o amor. Em meu ensaio sobre o fim do racismo, falo sobre o papel da escolha, do amor pela justiça e da criação de um compromisso com base nesse amor. Quando refuto qualquer opinião que afirma não ser possível mudar o racismo, pois ele representaria um valor cultural intrínseco, menciono as crianças brancas que, ainda muito jovens, se recusam a aceitar o manto do privilégio branco e admitir o racismo. Um aspecto crucial de *The Hidden Wound* é a convicção de Berry durante a infância de que não havia necessidade de separar as pessoas pela cor. Quando menino, ele compreendia a política da segregação racial e vivia dentro dela. E foi dentro dessa infância que ele aprendeu a resistir.

Muitas vezes, pessoas brancas com o sincero desejo de ver o fim do racismo me perguntam o que podem fazer. Minha resposta é: "Vocês precisam levar consciência crítica aos lugares aos quais têm acesso e descobrir por si sós o seu papel nisso". Wendell narra um momento como esse em *The Hidden Wound*: recusar o privilégio branco e se posicionar a favor do amor e da justiça. Sua avó materna planeja uma festa de aniversário para o neto, mas ela não convida Nick porque os costumes sociais de sua época reprovavam a socialização formal entre negros e brancos. Quando o menino convida seu tão querido amigo Nick para a festa, o mal-estar que paira sobre as pessoas à sua volta cria a consciência de que ele "tocou a ferida do racismo" e que todos ali sentiram essa dor. Ele lembra: "De repente ficou muito evidente para mim que Nick não poderia nem deveria entrar na casa e fazer parte da festa. [...] Se não havia lugar para Nick na minha festa, então não havia lugar para mim também; o meu lugar era onde ele estava". Ao escolher abrir mão do privilégio branco, o menino conseguiu criar uma zona de mutualidade além da raça, na qual "transcendemos os papéis designados a nós". Nesse pequeno ato de se recusar a ser conivente com o racismo, a criança traça, ao mesmo tempo, um caminho de resistência quando decide ficar fora da casa; é o verdadeiro significado da solidariedade. E é a materialização dessa solidariedade que tem o poder de destruir o racismo. Sem dúvida, é por isso que Wendell pôde testemunhar naquele momento o seguinte: "Eu fiquei repleto de um sentimento tão forte de lealdade e amor que de repente tudo se tornou muito claro para mim". Quando dou aulas a respeito de *The Hidden Wound*, peço aos estudantes que reflitam sobre como essa simples história, esse gesto de amizade, contribui para humanizar os dois indivíduos sujeitos a distorções pela prática do racismo. Para acabar com o racismo, as pessoas brancas que aceitaram a existência do privilégio branco devem ter a boa vontade de renunciar a suas vantagens e baixar a guarda, expressando sua solidariedade às vítimas diretas de ataques e dominação racista.

Em *The Hidden Wound*, Wendell Berry foi direto ao ponto em sua crítica perspicaz da branquitude, sendo um dos primeiros críticos culturais a enxergar e nomear publicamente a ligação entre a dominação racista branca e a destruição da terra. Ele não mascara sua opinião ao afirmar, de forma corajosa:

> A raça branca nos Estados Unidos comercializa e destrói a fertilidade da terra em níveis muito superiores e em um menor período do que qualquer outra raça na história. Na região de

onde vim, pelo menos, isso é em grande parte explicado pela divisão racial da experiência da paisagem. O homem branco, preocupado com as abstrações da exploração econômica e de posse da terra, se comporta como uma força destrutiva no campo, uma catástrofe ecológica, porque ele transfere o trabalho pesado e, com isso, a possibilidade de um conhecimento mais íntimo da terra, para pessoas consideradas inferiores a ele; nesse trabalho degradado, ele destrói a possibilidade de um contato significativo com a terra.

Berry reconheceu a capacidade do negro subjugado da zona rural de trabalhar com a terra e "desenvolver aspectos de caráter, religião e arte que lembram de certa forma o mundo de antigamente". Africanos deslocados de suas terras viram no trabalho no campo uma das poucas maneiras de manter os laços com a paisagem do lugar de origem.

Na busca pela liberdade, com a migração em massa do Sul rural para as cidades, muitos negros adotaram as formas dominantes de pensar sobre a terra. Berry argumenta:

> A mudança do interior para a cidade faz mais do que privá-los da capacidade de sustentar a si mesmos. Não é exagero dizer que, no campo, muitos negros sabiam como se virar com o que tinham e garantir sua subsistência. [...] Eles sabiam plantar, colher e preparar sua comida. Sabiam colher frutas, castanhas e ervas. Sabiam caçar e pescar. [...] Nas cidades, esse conhecimento todo de repente não tinha mais valor. [...] No interior, apesar dos limites impostos pela segregação e pela pobreza, eles encontravam certa liberdade em suas habilidades; nas cidades, a liberdade estava inevitavelmente associada ao poder de compra.

Nem todos os negros, é claro, migraram para as cidades. E é a memória de uma subcultura contestadora, como descrita por Berry, que oferece uma faísca de esperança nos dias de hoje. Por isso, é importante citar o afastamento coletivo dos negros do passado rural e agir para descobrir a verdadeira natureza do pertencimento, bem como nomear o trauma causado pela perda de significado e visibilidade da vida no campo.

Esse afastamento do nosso passado na zona rural só pode ser curado com o reconhecimento profundo desse legado e de seu uso funcional no presente. Recordar Nick Watkins e tia Georgie (e outros como eles) é uma forma de intervir no esquecimento coletivo de nossa nação. Uma das lacunas na narrativa de Berry é a sua falta de familiaridade com o manejo da terra mais desenvolvido e articulado dos negros no Kentucky. Ele aprende um pouco sobre a subcultura da negritude a partir de suas conversas com o escritor negro sulista Ernest Gaines. No conto escrito por Berry intitulado "Freedom" [Liberdade], um relato ficcional do velório de Nick, ele mostra um conhecimento preciso, aprendido com terceiros, da maneira peculiar como muitos negros lidam com a morte.

Em *The Hidden Wound*, Berry revela uma consciência aguda e um respeito profundo pela cultura de humanização criada pelos negros em meio à adversidade. De forma acertada, no posfácio da edição de 1988, vinte anos depois da primeira publicação, ele ainda reconhece que "a liberdade e a prosperidade das pessoas não podem ser consideradas separadamente da questão da saúde da terra" e que "as feridas psíquicas do racismo tiveram como resultado inescapável as feridas na terra, no campo em si". Ao mesmo tempo, Berry reafirma sua ideia de que "a raiz do problema racial nos Estados Unidos não é o racismo", mas "o nosso desejo desmesurado de ser superior". Se Berry fosse um pesquisador do meu trabalho, eu o encorajaria a refletir mais sobre a ideologia da supremacia branca que incontestavelmente afeta a psique dos brancos dominantes em todas as classes, bem como as pessoas de cor (em particular as negras), incitando todos nós, que ainda não descolonizamos nossa mente, a perpetuar as mesmas estruturas da dominação racial. Para nossa sociedade, é bem mais fácil se livrar de muitas das manifestações aparentes de desigualdade racial do que libertar esta nação do dualismo metafísico do Ocidente, uma das bases do pensamento supremacista branco.

Como previu Berry, a separação das raças entre ambientes de trabalho e de convívio que não permitem encontros humanizadores, interações que desafiariam preconceitos e estereótipos, levou a uma intensificação do pensamento e da ação da supremacia branca. O debate público moderno sobre raça e racismo mostra que esse conceito pouco contribuiu para o fim do racismo. E está cada vez mais evidente que as leis criadas para aumentar a igualdade racial falharam em mudar a natureza das relações sociais entre os diversos grupos de pessoas. Vê-se, assim, que a possibilidade contínua de erradicação do racismo está em uma combinação de educação pautada em conscientização crítica e ativismo antirracista com a intenção de mudar nosso pensamento por completo para que sejamos capazes de construir identidade e comunidade alicerçadas na sinceridade, na luta compartilhada e no trabalho inclusivo. A luta pelo fim da discriminação e da dominação raciais precisa se renovar. E um dos caminhos mais evidentes para enfrentar o racismo é mudar nossa vida interior, mudar a forma como vivemos. *The Hidden Wound* continua trazendo uma discussão importante e útil para refletirmos sobre raça, principalmente por nos impelir a pensar nas pessoas não brancas, nos negros, como mais do que meras vítimas. Tem sido tão nocivo internalizar a noção de que nós, negros, somos sempre e exclusivamente vítimas. Há muito a ganhar estudando a vida dos anciões negros que traçaram uma visão de mundo contestadora e uma cultura de pertencimento que humanizava e elevava o espírito, as quais nos ajudaram a compreender que somos sempre maiores do que nossas dores.

Uma das mensagens mais brilhantes apresentadas em *The Hidden Wound* é o reconhecimento de que uma convivência entre raças, mesmo dentro de estruturas viciadas de hierarquia racial, produz uma base concreta para a comunidade em potencial que estará à disposição quando todos os brancos e negros perceberem que o conhecimento adquirido a respeito um do outro veio da mídia, de um conjunto de representações estereotipadas das duas raças. Havia amor no coração de Berry por Nick, um amor tão profundo que o levou a abordar essa relação em outro livro, em que escreveu: "Se ele me amou tanto quanto o amei, eu fui muito abençoado". Que todos nós sejamos assim abençoados para nos comprometermos com relações sociais não contaminadas e distorcidas pelas políticas perversas do pensamento e da ação racistas.

Como Wendell Berry, acredito na possibilidade de restaurar nossa esperança em um mundo que transcenda a raça ao formar comunidades nas quais a autoestima não seja resultado do sentimento de superioridade sobre qualquer grupo, mas do nosso relacionamento com a terra, com as pessoas, com o lugar, onde quer que estejamos. Quando criarmos uma comunidade amorosa, ambientes antirracistas e inclusivos, não vai fazer diferença a diversidade presente nesses espaços. Se a diferença entrar em uma comunidade amorosa, ali ela poderá encontrar um lugar que a receba de braços abertos, um lugar ao qual possa pertencer.

14.
conversa que cura: um diálogo

Nas duas vezes em que viajei para a casa de Wendell Berry em Port Royal, Kentucky, com meu amigo Timi Reedy (consultor de sustentabilidade e vida holística), o sol estava radiante e o céu exibia aquele tom azul deslumbrante. No caminho, veio à minha cabeça uma canção que costumávamos cantar na escola primária: "Eu olho para o céu, as nuvens flutuando, o azul mais azul que em qualquer outro lugar. Saudei o ar e sussurrei uma oração, agradecendo a deus por toda essa beleza".[20] E, quando a música chegou ao fim, repeti em voz alta o verso: "O mundo está cheio da grandeza de deus". Essas duas viagens foram abençoadas. Eu estava prestes a me encontrar com Wendell Berry, poeta, ensaísta, romancista, crítico cultural, fazendeiro, um conterrâneo cujo trabalho influenciou meu desenvolvimento intelectual. Para falar a verdade, eu me sentia desnorteada. Na nossa primeira visita, ficamos sentados com Wendell e Tanya (sua esposa de longa data) em volta da mesa da cozinha, comendo bolo, tomando chá e conversando. Na nossa conversa houve humor

---

[20] No original, "I look at the sky, the clouds floating by, the blue like no blue on earth could be. I greeted the air and whispered a prayer, for god made this loveliness for me". [N.E.]

inteligente, risadas e amenidades triviais, bem como discussões sérias e profundas. Não fizemos nenhum registro em áudio desse bate-papo. Antes, eu zombava muito das pessoas que não podiam ir a lugar nenhum sem uma câmera, um gravador, sem instrumentos para registrar aquele momento. Agora que conheço a profunda dor e pesar causados pela perda de memória, em decorrência de adoecimento, demência e Alzheimer (minha mãe começou a cair no mundo do esquecimento profundo um pouco antes da minha primeira visita à casa de Berry), reconheço o valor do registro para a posteridade. Eu sei, por experiência própria, o valor de ter um registro — uma forma de lembrar o que não ficou na mente.

Da segunda vez em que estive em Port Royal, havia apenas três de nós presentes: Wendell, Timi e eu. Nessa ocasião, nos sentamos na varanda, conversamos, gravamos tudo. Nossa conversa não foi tão mágica quanto na primeira vez. Estávamos mais sérios. A conversa passou por nossas diferenças de idade, raça, gênero. Quase vinte anos nos separam no tempo. As experiências de uma menina negra criada nas colinas do Kentucky e, mais tarde, em uma pequena parte segregada da cidade foram, sem dúvida, muito diferentes das experiências de Wendell, homem branco e privilegiado. Ainda assim, cá estamos, dois escritores do Kentucky, um velho e outra nem tanto, procurando um lugar de proximidade, apesar de tudo que poderia nos separar. Não concordamos sobre todos os assuntos, mas nossa compreensão sobre muitas coisas é semelhante. Nossas palavras parecem pertencer umas às outras enquanto conversamos em nossa terra natal. Eu poderia ter conversado com Wendell por horas sobre poesia, escrita, agricultura, beleza; mas escolhi conversar com ele sobre raça e racismo, temas quase não discutidos em suas entrevistas anteriores. Tenho esperança de que nossas palavras quebrem o profundo silêncio racial presente na discussão pública sobre o assunto — um silêncio a ser rompido se quisermos de fato encontrar formas de acabar com o racismo.

Sou grata por poder conversar e compartilhar risadas com Wendell Berry, porque assim ultrapassamos os limites que nos impediriam de dialogar, de conhecer um ao outro: as fronteiras de raça, classe e experiência. Em nosso bate-papo, está implícita a possibilidade de criar uma comunidade amorosa. Vivenciamos esse movimento além da raça, um lugar onde podemos conversar e deixar o coração falar.

BH Wendell, você foi um dos primeiros pensadores a afirmar que mente, corpo e espírito não podem ser saudáveis se não tivermos uma relação saudável com a terra. Você está entre os poucos escritores brancos mais velhos que fizeram uma consistente ligação entre a persistência do racismo e a destruição da natureza e das pessoas, alertando sobre a impossibilidade de existir, no mesmo mundo, uma forte consciência ambiental e a continuação da violência da supremacia branca e do racismo.

WB Espero que não sejamos tão poucos assim. Você resumiu bem esse posicionamento. Temos o dever de cuidar de tudo e não podemos ser seletivos quando devemos cuidar de tudo.

BH Seu livro *The Hidden Wound* segue sendo uma fonte para os debates sobre raça e racismo. Para mim, ele é particularmente relevante porque você é um dos poucos escritores, independentemente de raça, que entendem a história rural dos afro-estadunidenses.

WB Quem de fato entende desse assunto é o escritor negro Ernest Gaines.

BH Sem dúvida. Estou escrevendo sobre o trabalho dele, em referência aos comentários presentes em seu ensaio "American Imagination and the Civil War" [A imaginação estadunidense e a Guerra Civil], no qual você explica aos leitores sobre Gaines: "Ele imagina também a comunidade de seu povo como parte da vida do lugar onde está e das dificuldades da comunidade. Ele imagina o pertencimento da comunidade a esse lugar, as casas com os nomes das pessoas, os jardins na entrada das casas, a igreja, o cemitério, a história e a experiência em comum, pessoas mais velhas papeando nas varandas em noites de verão e os mais jovens atentos à conversa. Ele também imagina a perda de tudo isso. [...] Mostra que o local, imaginado de forma completa, se torna universal". Ele aborda de forma muito pungente essa perda quando descreve em *A Gathering of Old Men* uma cena na qual pessoas brancas falam de arar sobre as sepulturas dos negros, em uma metáfora do apagamento da história do agricultor negro, do apagamento de qualquer evidência de que os negros em algum momento administraram a terra.

WB De que eles nunca tiveram uma relação íntima. Sabia que Ernie comprou as terras no local onde foi criado? E que comprou a igreja, a construção adjacente à igreja e a escola e transferiu tudo para sua propriedade?

BH Sim, ele tem sido um modelo para mim e para outros negros que voltam para o Sul depois de se mudarem para o

Norte. Como eu, é provável que ele tenha sido influenciado por Wendell Berry. Foi por sua influência que comprei terras no Kentucky, para assumir uma posição de proprietária. No meu caso, minha intenção é apenas manter espaços verdes, proteger a terra do comércio imobiliário. Não sou agricultora. Não tenho talento para o cultivo, mas sei que os meus quinze acres de terra serão "verdes para sempre".

WB   Bom, agora considere a possibilidade de eu ter sido influenciado por Ernie. Sabe, ele e eu começamos isso juntos.

BH   Conte-me mais. Não sabia disso.

WB   Nós dois éramos alunos do programa de escrita Stegner Fellowship de Stanford em 1958. Ali estávamos nós, dois rapazes, um branco e um negro, com todo esse conhecimento em comum. Sabíamos de coisas que ninguém da nossa turma sabia. Então, chegou uma hora em que Ernie e eu precisávamos ter uma conversa e desabafar. Sabe, não se entende tudo desde o começo — você vai entendendo aos poucos. As duas pessoas que fui entendendo pouco a pouco naquele seminário foram o próprio Stegner e Ernie.

BH   Você ainda acredita, Wendell, como escreveu em 1968, que a vida das pessoas brancas está condicionada à vida das pessoas negras, que existe certa "dependência emocional"?

WB   Bem, se você reduz qualquer grupo a um conjunto de estereótipos, você enfraquece seu raciocínio, e era exatamente isso que estava acontecendo em Stanford em 1968. A universidade havia convidado alguns estudantes negros para se matricular. Não foi muito tempo depois dos motins de Watts.[21] Os estudantes negros chamavam os brancos do campus para a briga em um lugar conhecido como White Plaza. Os brancos respondiam: "DUVIDO!". Eu pensava: "Bem, nada de bom pode sair disso aí", porque temos dois conjuntos de estereótipos raciais envolvidos. Ao assumir que todas as pessoas boas estão de um lado e todas as más do outro, perde-se o ponto sobre a condição humana. Ou seja, cada um de nós é uma mistura do bem e do mal, o que exige um pouco de bom senso, compaixão e perdão. Você conhece Stanford?

BH Conheço bem. Fiz minha graduação em escrita lá. Fui a muitas manifestações na White Plaza.

WB Bom, um dia eu estava parado na área quadrangular e estava acontecendo uma manifestação. Perguntei para um amigo que estava comigo: "O que está rolando?". Um rapaz branco passando por perto ouviu sem querer "meu linguajar do Sul", virou para mim e disse com bastante fúria: "É bom se mexer pra descobrir!". Na minha opinião, culpa e raiva eram os motivos errados para ter uma conversa sobre raça. Achava que o que faltava era amor. E comecei a pensar sobre Nick e tia Georgie, um casal de negros amigos da minha infância. Não posso falar por eles, sabe, um homem branco não pode afirmar para o mundo todo que esses velhos negros o amavam lá em meados da década de 1940. Mas eu sei que os amava.

---

21 Referência a uma série de protestos raciais ocorridos no bairro de Watts, em Los Angeles, em 1965, em resposta à violência policial depois da prisão de um jovem negro autuado por direção imprudente. [N.T.]

BH A forma como o amor guia você na defesa por justiça, na defesa pela solidariedade, é um aspecto das suas memórias em *The Hidden Wound* que para mim é bem tocante. Nos últimos cinco anos, muito do meu trabalho sobre raça tem focado o poder transformador do amor como uma força que pode nos levar a uma mudança social. Uma parte que me emociona muito em seu livro é quando você conta sobre a festa de aniversário na qual Nick foi impedido de entrar na casa porque negros e brancos não podiam socializar juntos. Você escolheu sair da casa para ficar com ele. Essa é uma perfeita metáfora do que significa abrir mão do privilégio branco não merecido.

WB Bem, é complicado. Segui uma conduta, aprendida inclusive com meus antepassados brancos.

BH Ainda assim, você usou essa conduta para intervir em uma situação cheia da violência oculta do racismo. E, mesmo que não tivesse consciência disso, você mostrou o que as pessoas brancas podem fazer para desafiar e reverter essa situação de violência. Por isso *The Hidden Wound* ainda é um livro valioso. Você traz complexidade ao nosso entendimento sobre a intimidade entre pessoas brancas e negras. Essa intimidade certamente foi criada pelas circunstâncias da opressão e da exploração, mas isso não impediu, como você mostrou em seu trabalho, a existência de conexões profundas e permanentes de cuidado entre brancos e negros mesmo dentro dessa estrutura de dominação.

WB Bom, existia uma estrutura normatizada, a segregação. Não era assim que chamávamos essa relação. Na verdade, acho que não a chamávamos de nada. Era só como as coisas eram para a maioria das pessoas, e ponto. Havia suposições e julgamentos, era um tipo de pano de fundo. Mas, na realidade, na maioria das vezes as pessoas conviviam umas com as outras como indivíduos, e havia muitas exceções.

BH Com isso você quer dizer que as pessoas não ficavam dentro dos rígidos limites impostos a elas pelo racismo. Elas não ficavam nos lugares estabelecidos para elas.

WB Coisas notáveis aconteciam, algumas exceções à regra. A gentileza partia dos dois lados. E a maldade também partia dos dois lados entre indivíduos, pessoas reais. A vida naquela época não se encaixava nessa estrutura abstrata [de segregação] de maneira impecável.

BH Essa perspectiva de uma relação humanizada que muitas vezes acobertou as restrições impostas pela dominação racial talvez não tenha chegado aos negros mais sujeitos a serem alvos de agressão racial caso não "ficassem em seus lugares". Essa perspectiva pode vir do privilégio branco. Mas, com certeza, com base em minha experiência por ter sido criada em meio a um apartheid e à segregação racial, sei que brancos e negros achavam formas de se encontrar e criar intimidade, apesar da insanidade da dominação racial. Por intimidade me refiro ao tipo de reconhecimento e compreensão que pode ser a base para o amor. Essa é a conexão retratada em *The Hidden Wound*.

WB Naquela época, os brancos contavam anedotas sobre os negros, e os negros contavam anedotas sobre os brancos.

A segregação existia, mas também acontecia com a gente. Retomei esse assunto no ensaio "American Imagination and the Civil War", do qual você extraiu uma citação minha há pouco. É sobre como a vida local foi obscurecida por diversos estereótipos desde a época da Guerra de Secessão.

BH   Concordo com você quando diz que falharemos em oferecer uma visão holística sobre a segregação se apenas focarmos em opressores e vítimas. Mas devemos ter muito cuidado para não exagerar na proporção, não agir como se as interações humanizadoras entre brancos e negros enfraquecessem a estrutura exploradora e opressiva de modo geral. Mas, como você, acredito na possibilidade de entender melhor o aspecto da raça se olharmos não só para a vitimização das pessoas, mas também para os laços afirmativos, de cuidado, afeto e até mesmo amor, criados dentro do contexto da segregação, essa dependência emocional mútua sobre a qual você escreve. Essa dependência positiva faz cair por terra a dominação, a noção da superioridade dos brancos e seu pretenso merecimento de governar uma classe subalterna considerada inferior.

WB   Essa dependência era prática de certa forma. Era uma necessidade — ou, pelo menos, era esse o pensamento vigente — ter essas pessoas trabalhando para nós. O que não se reconhece hoje em dia é que as pessoas brancas estão fazendo o mesmo com os mexicanos. Enquanto uma classe subserviente designada pela raça, essas pessoas são contratadas para fazer o trabalho que não serve para nós "porque somos muito bons". Não queremos realizar alguns trabalhos fundamentais para nós mesmos. Isso nos enfraquece. A situação agora é pior porque não há intimidade entre as raças. Ouve-se por aí as pessoas dizerem "minha mexicana" ou "a mexicana do fulano".

BH É como se eles estivessem falando de objetos inanimados, e não pessoas; é assim que nos referimos a uma casa, a um carro. Ao contrário do que acontece com outros grupos étnicos, há pouca intimidade entre os membros dessas comunidades — os asiáticos e, nos últimos tempos, os mexicanos que formam a nova classe subalterna — e os brancos a quem precisam servir. Os brancos não são fascinados pelos mexicanos da mesma maneira que historicamente desenvolveram um fascínio pela negritude. Por mais que as pessoas gostem da música mexicana, ela nunca vai ter um impacto profundo na cultura estadunidense, nunca vai criar uma revolução cultural como fez a música afro-estadunidense, de todas as formas. Esse laço simbiótico entre negros e brancos nos Estados Unidos ainda é único. Mas hoje esse laço parece causar uma grande decepção. O racismo se intensifica porque os estereótipos negativos são a única forma usada pela maioria das pessoas para conhecer e se relacionar com o "outro". Vimos isso durante a catástrofe do [furacão] Katrina. Naquele momento, não foi reconhecida a contribuição dos negros, em especial os mais pobres, na criação da maravilhosa cultura de Nova Orleans. E são justamente os pobres que são representados na mídia como vítimas desamparadas ou parasitas derrotados.

WB Bem, a catástrofe pareceu ser uma plataforma ideal para mostrar estereótipos em vez de pessoas reais.

BH Não faz diferença se falamos de negros pobres carentes ou trabalhadores migrantes, alguns deles brancos; o ponto aqui é a recusa por parte da cultura dominante de reconhecer a humanidade dessas pessoas. E agora os mexicanos pobres da classe trabalhadora são o principal alvo dessa desumanização brutal.

WB   Os trabalhadores migrantes não contam nem com a proteção de ser uma propriedade [humana]. Se fossem propriedade, talvez as pessoas tentassem cuidar deles.

BH   Uma vez que essas pessoas são vistas como objetos, elas são descartáveis. No mundo segregado do Sul dos Estados Unidos, os negros não podiam ser descartados porque faziam parte da dinâmica da vida. E sabemos que os brancos não enxergam os trabalhadores mexicanos como parte de sua vida e de sua cultura. Normalmente, não há relação emocional ali — não existe nenhum cuidado. Na cultura dominante, quem possui menos é quem, em geral, cuida de quem possui mais. Há pouco tempo, minha mãe foi internada em uma casa de repouso para uma curta estada. A maioria dos residentes eram brancos. Mas ali dava para ver a cultura da plantation: os negros como funcionários e os brancos recebendo os cuidados. Quase todas as pessoas nas funções de vestir e despir os residentes, dar banho, trocar fraldas, arrumar toda a bagunça, as pessoas a serviço, são negras. E quem dá as ordens, sejam administradores em altos cargos, sejam os residentes, é branco. Ao visitar minha mãe na casa de repouso, observei a hierarquia racial: os brancos no topo, os negros na base; os brancos dando ordens, os negros recebendo ordens. E, ainda assim, de novo, esse é um retrato superficial. A realidade é bem mais complexa. Porque ali, naquele lugar de doença e morte, existe uma profunda relação de dependência, pois o branco precisa do cuidado e da gentileza de um negro desconhecido. Olhando mais a fundo, percebemos os laços criados além da raça. Ainda assim, em muitos ambientes da nossa sociedade, a regra é uma cultura de plantation menos humanizada (na qual os brancos dominam os negros e outros grupos). Parece que a nossa nação criou um contexto moderno para a escravidão. Você acha que a escravidão acabou ou apenas assumiu novas formas?

WB Na minha opinião, ela assumiu novas formas. Muitas pessoas brancas se veem como escravizadas, algumas "bem-sucedidas". Veja, temos uma sociedade inteira dizendo: "Ainda bem que é sexta-feira". Eles se enxergam como servos involuntários cúmplices de seus próprios grilhões.

BH Eles podem pensar dessa maneira, mas ainda assim pouco se preocupam ou simpatizam com pessoas de classes mais baixas que realmente são escravizadas em troca de um salário inadequado. Os trabalhadores migrantes são o principal exemplo disso.

WB Por que nós [pessoas brancas] temos esses trabalhadores migrantes? Porque nós [pessoas brancas] nos consideramos muito superiores para o trabalho braçal ou para as demandas diárias que exigem esforço físico.

BH E muitos negros em ascensão social pensam da mesma forma; por isso não querem saber do nosso passado na zona rural ou da situação difícil enfrentada pela classe pobre e trabalhadora, que se sustenta por meio do trabalho braçal.

WB   Alguns grupos de pessoas brancas, como os amish da antiga ordem, assumem algumas responsabilidades. Dizem que, quando um membro da comunidade falece, as moças preparam o corpo, enquanto os rapazes cavam a vala. Ensinamentos essenciais são passados aos jovens para que eles assumam esses trabalhos. Na minha opinião, entre nós [pessoas brancas não amish] sempre houve a necessidade de ter alguém para desprezar, pessoas desempenhando o chamado "trabalho de preto". Ainda assim, por outro lado, existe o seguinte ditado: "Eu nunca pediria para alguém fazer algo que eu não faria". Entre os fazendeiros da região, esse ditado se referia diretamente à estrutura racial. Em outras palavras, faz parte do meu orgulho não pedir a outras pessoas que se rebaixem para fazer algo que não está à minha altura.

BH   Enquanto os brancos se acharem superiores para certos tipos de trabalho, sempre haverá uma classe subordinada pronta para o serviço que eles não querem, não importa se essa classe possui uma identidade racializada ou étnica. Infelizmente, muitos negros e brancos carentes compram essa mesma lógica e se sentem "muito bons" para determinados tipos de trabalho. Dentro de casa, os anciões de minha família e meus pais nos ensinaram que "todo trabalho honesto é um bom trabalho". Todos aprendemos que um serviço bem-feito, seja limpando o celeiro ou o alpendre, seja cozinhando ou servindo, é humanizador. Essa atitude em relação ao trabalho fortaleceu os negros naquela época, os tornou um povo cheio de sabedoria e integridade. A vida no campo fez dos negros um povo trabalhador, generoso, humilde e íntegro. Vejo essa sabedoria nas descrições de Nick e tia Georgie em *The Hidden Wound*.

WB É verdade. Os negros da área rural na época eram um povo com um conhecimento maravilhoso, essencial. Eles sabiam se virar com o que tinham, sabiam viver à margem. A chef Alice Waters fez uma revolução ao lembrar que cozinhar bem depende de bons ingredientes. Nas fazendas aqui em volta, na época de tia Georgie, as pessoas ficariam surpresas em ouvir falar de ingredientes ruins — tanto negros como brancos tinham acesso a alimentos de qualidade. A comida preparada era boa em qualquer lugar, diferentemente de hoje. Mas os negros sabiam como usar as partes do porco descartadas pelos brancos.

BH É como se fosse uma reciclagem culinária. Eu me lembro de minha avó rindo por ver os brancos jogando fora alimentos que os negros transformavam em pratos de dar água na boca, em uma comida deliciosa.

WB Pense na beleza da intimidade deles com sua vida material. Valorizavam o pouco que tinham. Tia Georgie era uma grande bordadeira e artesã de colchas.

BH Felizmente, fiz parte de uma comunidade formada por pessoas parecidas com Nick e tia Georgie. Meu último contato com esse mundo holístico e orgânico foi com os meus avós. Cresci em meio à agricultura, no regime de parceria rural. Baba criava galinhas, fazia manteiga, sabão e vinho com as uvas de nossas videiras. Na minha cabeça de criança, o mundo deles era um paraíso. Trabalhavam duro. Amavam a terra deles, e compartilhavam esse amor. Quando saí da minha pequena cidade no Kentucky e fui para Stanford, conheci negros que se consideravam muito bons para os trabalhos mais básicos. Eu não conseguia me relacionar com essas pessoas. A cultura negra urbana, a cultura da cidade, estava começando a se tornar o critério que serviria de base para definir a nova característica da negritude. Todos os aspectos de nossa identidade e cultura considerados relevantes vieram da cidade. Foi-se o mundo em que os negros entendiam as limitações do poder branco. Jerry, meu avô paterno, enquanto arava a terra com sua mula, costumava dizer: "Está vendo aquele sol? O homem branco não pode controlar o nascer do sol — nenhum homem pode —, o homem não pode fazer tudo". Vovô Jerry sabia dos limites do poder branco e do poder humano. No mundo de hoje, agora mesmo, muitos negros e pessoas de cor acreditam no poder absoluto do branco. Eles se veem como vítimas. Sentem-se derrotados e desesperados. Na cultura negra do Sul, na cultura agrícola do Kentucky, nós dois falamos sobre isso, os negros conseguiam manter integridade e dignidade, criando beleza em meio à exploração e à opressão. Eles não se entregavam à tristeza. Sofriam, claro. Mas até mesmo o sofrimento tinha o seu lugar. O que importava era se ater à vida.

WB Para mim, aí está a autenticidade de *The Hidden Wound*: a compreensão de que Nick e Georgie eram pessoas admiráveis.

BH Eram pessoas íntegras. A raiz da palavra "integridade" significa "totalidade". E eles são meus professores, sendo o exemplo para que eu seja inteira. Sem dúvida, o amor por esses dois negros contribuiu para que o menino de antes se tornasse esse homem inteiro que você é. Perceba a potencialidade da intimidade e do amor sincero.

WB Bem, coisas estranhas aconteciam. Eu tinha uma tia que cresceu aqui no Sul e em determinado momento se mudou para Indianápolis. Ela e sua vizinha de porta tinham a mesma empregada negra. A vizinha da minha tia sempre deixava um lugar à mesa para a empregada, elas se sentavam para jantar juntas. Quando ela ia para a casa da minha tia, minha tia comia primeiro, e só depois a empregada negra podia comer. Um dia, a vizinha estava na casa de minha tia e a empregada recebeu uma ligação informando a morte de um familiar. Ela ficou arrasada, como qualquer um ficaria. Minha tia logo a abraçou para confortá-la. A vizinha, que sempre comia à mesa com a empregada, perguntou: "Como você pôde abraçar aquela preta?". Tudo era muito confuso.

BH Por isso é tão difícil conversar sobre raça de forma honesta. Estamos mergulhados em um profundo silêncio sobre o tema. E o debate público normalmente só atiça o fogo. Ele não ajuda na erradicação do racismo. Estamos nesse silêncio porque falta uma linguagem complexa o suficiente para a discussão. Nosso dever, como pessoas que amam a justiça, é criar essa linguagem. E assegurar esses contextos sociais de conexão entre brancos e negros acima da raça.

WB Eu sei que existem situações de respeito mútuo e situações de não conciliação. As igrejas ainda são segregadas.

BH Estar na igreja é também estar no corpo. É comum a religião determinar qual corpo é visto como sagrado, qual corpo merece a vida. Isso nos leva de volta à terra da qual você fala, porque, de certa forma, essa relação paradoxal é a mesma que muitos cidadãos do Kentucky têm com a terra. As pessoas, muitas delas cristãs, podem dizer que amam o Kentucky, seu "espírito irrefreável", mas são passivas diante da remoção do topo da montanha — e isso enquanto conversam sobre a beleza e a grandiosidade das colinas do Kentucky. E as pessoas de outros estados dificilmente entendem. Muitas delas nunca ouviram falar de remoção do topo da montanha. E quantos estadunidenses nem mesmo refletem sobre o carvão — de onde ele vem, sua utilidade? Por isso, tudo que você escreve sobre a agricultura industrial é muito importante. É por esse motivo que *The Unsettling of America* ainda é um livro que abre os nossos olhos.

WB   Em uma entrevista para Rose Berger...

BH   Sim, aquela chamada "O paraíso é aqui no Condado de Henry".

[*Risos dos dois.*]

WB   ... eu digo: "É normal desejar que ideias como essas não se apliquem mais hoje, então é desanimador saber que elas continuam atuais. Um livro como *The Unsettling of America* deveria se tornar obsoleto, porém é mais relevante agora do que antes. [...] Veja nossos métodos de mineração de carvão. Veja como derrubamos as árvores das florestas. Não são processos sustentáveis. Não são processos que preservam a natureza".

BH   Em *The Hidden Wound*, você se refere ao racismo como um "transtorno do coração", que é uma forma muito bonita de nomear essa patologia. Esse sentimento de transtorno rege a relação de muitos cidadãos com a terra, com o desenvolvimento. Assim como o racismo internalizado de pessoas negras faz com que muitos de nós nos sintamos cúmplices do sistema de dominação, o racismo não pode blindar esses negros que seguem a loucura ecológica da cultura hegemônica. Sem dúvida, os negros têm sido cúmplices do apagamento de nosso passado na zona rural. George Washington Carver é ainda um dos conservacionistas mais visionários. Dedicando a vida às questões de sustentabilidade, seu desejo era ensinar a todos, mas especialmente aos agricultores, brancos e negros, a cuidar do solo, cultivar plantações da maneira apropriada. Ele queria salvar e preservar o estilo de vida do pequeno agricultor, de qualquer raça.

WB Booker T. Washington também passou por dificuldades ao tentar disseminar a valorização da terra. Lembre-se daquela declaração que foi considerada ofensiva por certas pessoas: "Afunde seus baldes onde você estiver".[22]

BH Washington era diferente de Carver; este último vivia tudo na prática. Carver colocava a mão na massa. Todos os dias de sua vida ele tinha contato com a natureza, trabalhava com a terra. Sua comunhão aparentemente mítica com a natureza era uma forma de ser guiado pelo espírito divino. Washington era guiado pela política. Quando lemos Carver, ele fala sobre trabalhar a terra, mas também sobre encontrar a paz em comunhão com a natureza. Fala sobre o espírito da terra e o que vai acontecer

---

[22] No original em inglês, "Cast down your buckets where you are", que significa utilizar os recursos disponíveis no lugar em que você estiver, sem precisar sair de onde está para buscá-los. [N.T.]

quando aprendermos a usá-la sem destruí-la. Poucas crianças em idade escolar conhecem Carver, ou tudo o que criou a partir do amendoim e da batata-doce para promover uma revolução na vida do agricultor no Sul profundo. O apagamento dessas informações fortalece a supremacia branca. Os ambientalistas, em sua maioria brancos, vão dizer que não podem obrigar os negros a se preocupar com ecologia ou sustentabilidade. Mas essa é mais uma forma de silêncio racial. Quantas pessoas negras foram ensinadas a desvalorizar o trabalho na terra, a desprezar a agricultura? A quem interessa a negação do passado afro-estadunidense na zona rural? Em que momento paramos de ouvir a voz do agricultor negro? Eu ouvia essa voz na minha infância. O que aconteceu com essa voz é destruição sistemática! É de interesse do patriarcado supremacista branco capitalista imperialista que todos, sobretudo os negros, acreditem que apenas um mundo é importante — o mundo da cidade, do consumo, das coisas. É por isso que uso *The Hidden Wound* em minhas aulas o máximo possível, porque ele registra o passado na zona rural. Sempre há certo grau de tensão na classe, porque alguns alunos me perguntam por que eu ainda acho esse livro relevante nos dias de hoje. Quero que os estudantes leiam sobre os anciões negros que você conheceu e amou quando era menino, que leiam sobre o profundo sentimento de integridade deles. Isso é algo que muitos estadunidenses, incluindo os negros, não conhecem.

WB As pessoas se envergonham dessa parte do nosso legado e se recusam a reconhecer o erro disso. Se reconhecêssemos nosso passado por inteiro, entenderíamos o quanto precisamos uns dos outros. Uma das coisas de que me lembro e sobre a qual reflito é o quanto os negros da zona rural conheciam este condado à noite, porque à época eles costumavam caçar. O trabalho deles não era necessário à noite, então nessa hora eles eram livres. Eles podiam caçar para colocar comida na mesa ou apenas para ouvir seus cães afugentarem uma raposa. Nick sempre estava com um ou dois cães da raça foxhound.

BH Um foxhound e um coonhound, vovô Jerry adorava perambular com eles pela noite. Quando um poeta escreve "eu me familiarizei com a noite", penso em escravizados fugidos, e então nesses homens negros agricultores que encontravam na escuridão um lugar para perambular, um lugar de liberdade. Vovô Jerry sempre tentava ter a companhia dos netos nas caminhadas pelo breu para "aprenderem sobre a escuridão" — para entenderem o conforto e o alento que ela traz. Nós podemos fazer isso, podemos aprender a nos sentir confortáveis na escuridão e a enxergar a beleza de nossa pele. Ninguém pode roubar esse espírito de pertencimento. O poder de amar o escuro estava ali na minha infância, aprendi com os negros e com os brancos. O trabalho compartilhado aproximou as pessoas além das fronteiras de raça. Nós ouvimos as histórias reais de mineradores de carvão e seus familiares, que dizem: "Quando estamos todos lá embaixo, na mina, não importa se você é negro ou branco, porque todos nós ali somos a escuridão. Todos nos tornamos a escuridão". Quem desconhece o fato de que homens e mulheres negros trabalharam nas minas precisa ir até Lynch, Kentucky. Nesse trabalho havia um sentimento de urgência de vida e morte. Diante da morte, falsas construções — o racismo, por exemplo — deixam de existir. Hoje, vivemos em uma cultura que não reconhece essa urgência. As pessoas acham que podem controlar, escapar. Acham mesmo que podem destruir a natureza e se dar bem. Acreditam que podem sobreviver e prosperar. É em meio a essa insanidade que estamos vivendo.

WB Quando negros e brancos trabalhavam nas minas de carvão juntos, vivenciavam relações de ajuda mútua. Dependiam uns dos outros. Essa relação às vezes é urgente. Quando pessoas negras e brancas trabalhavam na mesma fazenda, víamos a mesma coisa. Alguém, não importa quem, poderia ter a reputação de ser bom em qualquer tarefa que lhe fosse designada. Ninguém precisaria se preocupar, porque poderia contar com aquele companheiro.

BH E ele trabalharia muito e pesado. Quando passei a frequentar as aulas em Stanford, ouvia histórias sobre a preguiça e a desonestidade dos homens negros. Aquilo para mim era muito surreal. Eu não conhecia muitos homens negros que correspondiam a essa descrição. Todos os homens negros que havia conhecido até aquele momento trabalhavam com a terra, trabalhavam muito. Quando criança, eu era fascinada pelas mãos dos meus dois avôs. Eles tinham mãos de quem arava a terra, plantava e orava, mãos que me protegiam, que abraçavam e davam carinho depois de concluir o trabalho. Eu tocava cada rachadura daquelas grandes mãos negras calejadas. Então, quando fui para a faculdade e passei a ouvir todos esses estereótipos negativos sobre os negros, fiquei atordoada. Meu trabalho se aprofundou a partir da crescente percepção sobre a necessidade de recuperar a experiência desses homens negros da zona rural; era uma forma de homenageá-los. Por isso acredito que o Kentucky é o meu destino. É um chamado para relembrar o trabalho pesado deles e contar essas histórias junto com tantas outras.

WB Fazer esse tipo de trabalho é extasiante. Ernest Gaines entende isso. Entende o significado dessa conquista. Outra coisa sobre os negros da zona rural é que eles normalmente tinham animais domésticos. Se você fosse um trabalhador negro nessa parte do condado e morasse na fazenda de outra pessoa, trabalhando de dia, cuidando da colheita ou de qualquer outra tarefa, sempre trabalharia com sua própria equipe. Existe uma relação complexa entre uma pessoa e seu time. Essa pode ser uma relação transformadora quando você pede aos membros da sua equipe que façam uma tarefa e eles a cumprem com muita beleza. Existe uma beleza envolvida nisso. É horrível ver tantos corpos sem utilidade. Quando vejo pessoas caminhando nas esteiras em academias, eu penso: "Se esse poder humano estivesse a serviço de uma fazenda, daria para limpar uma cerca".

BH Muitas pessoas imaginam que os negros da terra eram meras vítimas, trabalhavam por pouco e viviam em privação. Nós dois sabemos das muitas dificuldades na vida de um pequeno produtor. O que as pessoas de fora raramente percebem é a recompensa espiritual — o poder do sofrimento libertador. Quando se está em uma cultura capitalista segundo a qual todas as formas de sofrimento são ruins (tome este remédio, aceite esta dose, opere isto, faça a dor ir embora), então se perdem o mistério e a mágica do sofrimento libertador. Ao contar sobre o momento em que levaram seus filhos para serem vendidos, Sojourner Truth disse: "Quando gritei em meu lamento de mãe, ninguém me ouviu além de Jesus". Ela gritava para a floresta. Estava de joelhos, cercada pela poderosa natureza. E, em seu momento de profundo pesar, ela encontrou consolo. Esse é um momento místico de união com o divino. Nossa nação perdeu muito dessa consciência de que a natureza pode ser para nós um lugar de renovação espiritual; não apenas um lugar para passear no parque, fazer uma trilha na floresta ou encontrar espaço para extrair recursos, mas um lugar onde podemos ser transformados. À medida que os negros começarem a conhecer os relatos de negros como Nick e tia Georgie, vivos e mortos, podemos nos lembrar deles e aprender com eles. Eles tinham força, pois sabiam do poder de olhar para as colinas e se sentir renovados. Os feitos mortais realizados por humanos pouco importavam: a terra sempre estaria aqui por eles.

15.
retome a noite, reconstrua o presente

Sempre voltei ao Kentucky, mas de visita. Agora estou de volta para ficar — ficar para sempre é o meu sonho, embora eu saiba que os sonhos mudam todos os dias. Voltei para minha terra natal uma ou duas vezes ao ano, durante trinta anos, para este estranho e eclético mundo de uma cidade pequena no Kentucky, e sempre fui recebida pelos mesmos braços que me envolviam com força no momento de partir. Todos esses anos, Rosa Bell e Veodis, mamãe e papai, iniciavam o lento processo de despedida me levando para a porta em direção ao jardim. Ali, eles ficavam em pé observando, mantendo as mãos no ar num aceno de despedida, como um músico que sustenta até o fim uma nota musical — até que quem estivesse saindo e quem ficasse não pudessem mais se ver. Durante todo esse tempo indo e voltando, sem nunca permanecer em um único lugar, levo em minha mente a imagem de meus pais firmes na mesma cidade, firmes em um casamento de mais de cinquenta anos, firmes em um lar familiar. Na minha infância, a permanência no mesmo lugar era considerada de suma importância para o bem-estar de alguém. O poeta Gary Snyder diz que chega uma hora na vida em que é preciso "parar em algum lugar". Eu parei aqui, em uma pequena cidade no Kentucky. Me estabeleci em um lugar.

Um lar de verdade é o lugar — qualquer lugar — onde há um estímulo ao crescimento, onde existe constância. Por mais que mudanças sempre aconteçam independentemente da nossa vontade, a necessidade humana por constância persiste. Nosso primeiro lar é a terra, e é a ela que retornamos para o descanso eterno, nossa morada final. A terra argilosa vermelha que eu comia quando criança, sob os avisos de "você vai comer terra depois da morte", mantinha o processo da morte mais próximo. Era como se comer a terra ajudasse alguém a se sentir em casa no túmulo. A terra vermelha presente no solo da minha história era tipicamente encontrada no sudoeste e em outras paisagens desérticas. Aqui no Kentucky, ela era especial, sagrada, parte de um cenário mágico.

Sinto um prazer imenso em andar sobre a lama molhada no quintal da minha casa na colina; é como se essa terra do Kentucky me levasse ao êxtase, como se eu fosse uma criança com a certeza inocente de que a terra é um parquinho gigante. Cercada pelas árvores (subir nelas era parte das brincadeiras da infância) por toda a colina, eu me lembro do dia em que nosso irmão convenceu a mim e à minha irmã a nos encolhermos no chão em forma de bola, para que ele nos empurrasse colina abaixo. Minha irmã mais nova ainda tem as cicatrizes dessa aventura. Sentada no topo de uma colina, como fazia quando criança, agradeço por essa poderosa experiência do poder curativo da natureza não se limitar às reflexões nostálgicas e sentimentais sobre o passado; no meu presente, vivencio outra vez esse poder curativo.

Quando não estávamos perambulando pelas colinas, estávamos caminhando e brincando nos prados. Um prado aberto era o campo dos meus sonhos na infância. Naquela extensão de terra e em meio à vegetação que crescia como mágica, eu sentia uma felicidade sublime. Podia ficar ali sentada por horas, deitar de barriga para cima e mergulhar no céu, sentir a terra fria sob as costas e o sol quente sobre mim. Isso era o paraíso — esse mundo de ervas daninhas, flores e frutos silvestres e aspargos. Anos mais tarde, os versos de um poema de Robert Duncan, "muitas vezes recebo a permissão de voltar a um prado",[23] trazem memórias de muita satisfação. Essas palavras despertam em mim uma nostalgia ativa em que a memória imaginativa permite o retorno ao estado de espírito estimulado por um lugar, mesmo que não seja possível retornar a ele. Agora, porém, de volta ao Kentucky, sempre há um prado para ir, um lugar para sentar, para me fascinar, para contemplar.

Quando as pessoas que moram longe da terra natal e nunca a visitam voltam "para casa", elas habitam uma paisagem psíquica diferente daqueles que constantemente retornam, constantemente enfrentam o conflito entre ir embora ou ficar. Por sorte, mantive os laços com meu lar e minha família, resistindo ao impulso de rompê-los quando minha família já não era o que eu queria. Senti esses laços me prendendo e me segurando aonde quer que fosse. Como não houve separação violenta entre mim, meu passado e minha família, não senti a necessidade de destruir todas as sementes de esperança que poderiam nutrir uma vontade de voltar para casa. Sair de casa e morar longe parecia uma traição, em particular quando minha avó materna, que encarnava tantos dos costumes antigos, me questionava sobre como eu conseguia viver tão longe do meu povo. Enquanto morei longe de minha família, ela habitava constan-

---

[23] No original, "often I am permitted to return to a meadow". [N.E.]

temente o espaço do meu sonho. Ela me seguia por todo lugar, me dizendo como eu devia viver. A ironia é que eu não tinha vida para viver. Os ancestrais em espírito deviam saber disso. Eles cuidavam de mim, guardavam o meu caminho enquanto eu lutava para me encontrar, para encontrar o caminho de casa.

 Embora a vida em um núcleo familiar disfuncional fosse uma série interminável de dores e decepções, todo o conhecimento e a sabedoria passados pelos anciões, pela igreja e pela comunidade foram empoderadores e maravilhosos. Dos meus antepassados, ganhei a força de caráter para ter coragem e integridade. Com eles, aprendi a importância de ouvir o próprio espírito, de entender essa voz como uma orientação dos ancestrais. Embora eu tenha saído de casa para me livrar da dor na alma que me fazia sentir abandonada e vazia, comecei a perceber que, enquanto vagava de lugar em lugar em busca de mim mesma, eu estava usando as dádivas oferecidas pelos anciões — foi por conta delas que pude sobreviver e prosperar. Falar ou escrever, repetidas vezes, sobre essa sabedoria herdada é essencial para quem não quer apenas lembrar os costumes antigos, mas também integrar essa sabedoria do passado com o nosso presente, já que ela continua sendo o alicerce da vida, mesmo depois da partida dos anciões que transmitiram esses ensinamentos.

 Em meu núcleo familiar, meus pais tinham uma visão negativa dos costumes antigos. Eles queriam uma vida moderna, estruturada ao redor dos princípios do liberalismo individual, uma vida na qual a conquista de desejos materiais era o mais importante. Eles se recusavam a reconhecer o valor das formas contestadoras de pensar e viver fomentadas nas subculturas segregadas do Kentucky, em especial a cultura do campo. Acima de tudo, meus pais queriam que os filhos vivessem de acordo com a vida moderna. Eu era fascinada pela cultura rebelde dos meus avós maternos, pela maneira como viviam à margem. Eles acreditavam que a integridade era o mais importante aspecto da vida de alguém. Depois vinham a autodeterminação e a autoconfiança. Viviam segundo os princípios da sustentabilidade ambiental orgânica, ao plantar flores e cultivar a própria comida, criar animais, pegar minhocas para a pesca, fazer sabão, vinho, colchas de retalhos; não desperdiçavam nada. A essência da vida deles era atender às necessidades básicas, conservando a sabedoria sobre como obter a sobrevivência da terra. Acreditavam no valor de ter a própria terra porque isso possibilitava a autodeterminação. Embora a vida fosse difícil, principalmente por terem de enfrentar todos os dias um mundo que subestimava seus valores, havia muita verdade na essência de tudo o que ensinavam e eram.

Todos os anciões com os quais convivi na minha infância, fossem da família, fossem agregados, acreditavam na importância de uma base espiritual. Enquanto o cristianismo tinha lugar de honra na busca por uma lealdade religiosa, minha avó paterna, Ray, acreditava no poder do vodu, ao qual muitos se referiam de forma jocosa como *hoodoo*.[24] Independentemente da direção espiritual escolhida por eles, nossos anciões, com sua consciência espiritual, aceitavam o envolvimento das pessoas com experiências míticas resultantes da comunhão com

---

[24] Uma forma de magia popular originária no sul dos Estados Unidos, resultado da mistura de costumes e crenças trazidos pelos africanos escravizados e de outras práticas e religiões. Baseia-se no poder mágico pessoal e no conhecimento das ervas. Não é considerada uma religião, diferentemente do vodu, que é praticado por milhões de pessoas. [N.T.]

o espírito divino. Durante a escravidão e depois dela, os negros com frequência saíam em retiros solitários em busca de orientação e intervenção divina. Na história afro-estadunidense, Sojourner Truth foi uma das mais populares ativistas abolicionistas a compartilhar suas visões espirituais e sua experiência mística. Em meio à comunhão com a natureza, os negros do campo que não buscavam conscientemente uma experiência mística interior vivenciavam uma mudança de consciência. Essa mudança os fazia sentir uma unidade com toda a Criação, levando a um sentimento de bem-estar e alegria e uma compreensão da impermanência. Esse senso expandido de consciência espiritual ia além das restrições do pensamento e da doutrina cristã. Encorajava os crentes a reconhecer o poder psíquico, a intuição e o poder do inconsciente.

Na minha infância e adolescência, ouvíamos os adultos conversarem sobre mulheres que podiam prever o futuro e fazer as coisas acontecerem, mulheres videntes e curandeiras. Elas podiam interpretar os sonhos. Acreditando na importância dos sonhos e de interpretá-los, muitos dos nossos anciões, como vovó Ray, reconheciam o poder da mente, do subconsciente. Eles acreditavam que as mensagens recebidas em sonhos eram orientações para o dia a dia. Também acreditavam na importância da intuição, que permitia prever a realidade futura e tomar uma atitude proativa em relação a ela. Todas essas crenças, a aceitação da unidade da vida, da necessidade da consciência espiritual e da boa vontade em seguir a orientação espiritual, ajudavam a manter a fé na transcendência, em uma consciência cósmica mais poderosa do que a humanidade. Isso evitava que os negros submetidos ao apartheid racial fossem dominados pelo desespero. Impedia que se vissem como meras vítimas. Acreditar na transcendência oferecia uma base concreta para a esperança; era um lembrete de que a mudança é sempre possível. Esses aspectos empoderadores da vida sulista do afro-estadunidense, muito comuns nas comunidades negras segregadas, começaram a perder importância à medida que as pessoas manifestavam o desejo de se integrar à sociedade hegemônica e se tornar parte da cultura dominante.

Enquanto meus avós olhavam a maioria dos brancos de maneira crítica, muitas vezes enxergando-os como narcisistas patológicos, a integração racial prenunciou a chegada de um mundo no qual muitos negros tentavam viver como os brancos, ser como eles. Criar padrões para o presente e o futuro não arraigados em uma busca por possuir o que o branco tinha (é evidente que, quando os negros expressavam esses desejos, não se referiam aos brancos pobres; equiparavam branquitude e privilégio) fazia parte de um pensamento contestador. Isso fez brotar um princípio diferente, diversas formas de pensar e existir. Ironicamente, apesar do fato de nossos anciões terem vivido durante a segregação, sob exploração e opressão baseadas em raça e classe mais intensas do que a vivida pela maioria dos negros hoje em dia, eles tinham um alicerce para a construção de uma autoestima mais saudável do que a nossa, criados em um mundo de integração racial e oportunidade econômica. Embora o cotidiano fosse bastante árduo, tinham meios de conhecer a alegria e a paz que muitos negros hoje desconhecem.

Vale sempre afirmar que a sensação de união com a natureza, que oferece um sentido da vida transcendental no qual o humano se percebe como uma pequena parte do todo holístico, ajudava o negro da zona rural a colocar em perspectiva as noções de raça e superioridade racial. No mundo segregado no qual cresci, os negros não acreditavam no poder absoluto da branquitude. Fomos criados para enxergar a exploração e a opressão exercidas por qualquer grupo como um sinal de depravação moral. Os brancos, de modo geral, não eram admirados nem invejados. Ainda que percebêssemos que eles tinham melhores condições materiais ou maior acesso à mobilidade econômica, os brancos não eram vistos como um grupo que levava uma vida melhor. Consequentemente, muitos negros não se enxergavam como vítimas desprovidas de poder de escolha sobre sua qualidade de vida. Passar por adversidades com perseverança e aprender a lidar com as dificuldades eram lições valiosas de formação de caráter. E o caráter determinava o destino dessas pessoas.

Cultivar alegria em meio à adversidade era uma estratégia essencial de sobrevivência. Muitas vezes, encontravam-se paz e felicidade no prazer da simplicidade. A satisfação de colher uma fruta ou um bom tomate, fumar o tabaco plantado por si mesmo, curado e enrolado em cigarros, caçar ou pescar. Esses simples prazeres geravam satisfação. Recordar essas épocas da vida e da cultura afro-estadunidense não se trata de um gesto sentimental ou de uma nostalgia vazia; o objetivo é relembrar àqueles que lutam para construir sua identidade no presente que temos um legado de habilidades de sobrevivência positivas ao qual recorrer, que pode nos ensinar como alcançar o bem--estar independentemente das circunstâncias em que estejamos. Suprimir essa compreensão, apagando as raízes rurais do afro--estadunidense, foi uma estratégia de dominação e colonização utilizada pelos capitalistas supremacistas brancos imperialistas para impedir que os negros optassem pela autodeterminação. Igualar liberdade apenas a mobilidade econômica e aquisição de objetos foi uma visão que levou o negro do campo a se distanciar de seu passado rural. Por fim, esse processo de esquecimento foi estimulado pela invenção da sociologia como disciplina acadêmica. Nos estudos da vida dos negros, a identidade negra começou a ser definida exclusivamente em relação à experiência urbana. Ao fugir das raízes rurais, muitos negros deixaram para trás os valores contestadores que eram uma fonte de poder, uma cultura de resistência baseada em modelos alternativos de vida que valorizavam a inteligência emocional.

A integração racial rompeu com as subculturas negras ao forçar uma adequação à cultura dominante hegemônica. Essa estratégia de aculturação começou na educação formal. Antes da integração, havia uma conexão entre os valores aprendidos pelos negros na comunidade e os valores aprendidos nas escolas. Em escolas negras na minha infância, a sabedoria dos anciões negros era reconhecida. Os professores citavam as lições de vida aprendidas em casa. Quando as escolas foram integradas, professores tendenciosos nos faziam acreditar que só os brancos tinham acesso ao conhecimento e à compreensão da metafísica. A metafísica orgânica de nossos ancestrais não tinha espaço nas "escolas de brancos". Muitas vezes, crianças negras que resistiam à socialização nas escolas de brancos se viam em um permanente estado de trauma psicológico engendrado pelo constante conflito com o poder branco. Por um lado, era necessário "vestir a máscara" para se sair bem; por outro, tentava-se manter a singular cultura de resistência característica dos ambientes totalmente negros.

Ironicamente, foi durante o tempo em que estive fora, vivendo em ambientes educacionais com predominância branca, que comecei a redescobrir e a reivindicar muitas das formas alternativas de pensar e existir aprendidas na infância. Naquela época, grande parte da cultura contestadora que eu tanto estimava estava sendo apagada. A cultura do pertencimento não era mais comum nas subculturas negras. Esse abandono foi uma consequência direta dos esforços dos negros para se adequar à cultura dominante, segundo a qual o sucesso só seria possível para quem imitasse o comportamento dos donos do poder. Muitos negros que não conseguiam se adaptar não viam alternativa senão usar o vício como fuga. O foco no poder branco ofuscou o entendimento ancestral de que todos somos mais do que "raça" e de que havia forças mais poderosas que a humana. A falta dessa consciência causou um sentimento generalizado de vulnerabilidade, que levou muitos negros a enxergar a si mesmos apenas como vítimas.

Atuando como instrumento de lavagem cerebral, a televisão teve um papel relevante na colonização da mente do negro. Foi ela que levou o pensamento da cultura dominante para dentro das casas negras. Ela retratou para nós o individualismo liberal. Não é de espantar, então, que, no momento em que os negros assimilaram o pensamento da cultura dominante, muitas das práticas saudáveis até então tidas como essenciais para uma cultura de resistência (em especial nas regiões do sul dos Estados Unidos, onde o racismo era mais notório e extremo) passaram a ser desvalorizadas. E, à medida que a identidade negra foi ficando cada vez mais conectada com a vida urbana, as experiências mais complexas e multifacetadas do negro sulista passaram a receber pouco ou nenhum reconhecimento na cultura hegemônica. Durante os primeiros anos da luta pelos direitos civis, o retrato que o país recebia da experiência do negro do Sul era uma imagem desumanizadora de pobreza abjeta. Foi somente quando escritoras negras começaram a receber atenção nacional, na esteira do movimento feminista, que passou a ser conhecida a visão mais ampla da vida do negro no Sul, oferecida por autoras como Zora Neale Hurston, Alice Walker, Toni Morrison e Gloria Naylor.

Hurston descrevia a vida de segregação na Flórida, onde a produção artística florescia (sobretudo música e dança), apesar do severo contexto de pobreza material e do infindável trabalho pesado em circunstâncias opressivas. Em seu trabalho antropológico, Hurston destacou as fábulas dos negros do Sul e mostrou como eles transmitiam as formas alternativas de pensar e existir em contraposição à cultura dominante. Walker escreveu ensaios de não ficção sobre a beleza dos jardins de sua mãe, sobre cultivar vegetais. Ao contrastar a experiência no Sul com a experiência no Norte em seu primeiro romance, *O olho mais azul*, Morrison evoca uma cultura do Sul na qual os negros encontram sua humanidade no ambiente natural, uma cultura sensual com o potencial de melhorar a vida. A vida dos negros no Sul, segundo sua descrição, melhora com a luminosidade. Na paisagem natural, tudo é mais vívido, radiante. A personagem Pauline recorda a vida no Sul por meio de cores:

> Quando vi o Cholly pela primeira vez, quero te dizer que foi como todas as cor daquela época lá na minha terra, quando todos nós, as crianças, a gente foi colher frutinha depois de um funeral e eu botei umas no bolso do meu vestido de domingo e elas se esmagou e manchou o meu quadril. Meu vestido ficou todo sujo de roxo [...]. Eu sentia aquele roxo forte dentro de mim. [...] E aquela risca verde que os besouro fez nas árvore [...]. Todas aquelas cor tava em mim. Quietinhas lá.

A relação com a natureza descrita por ela é uma conexão sentida com o todo, com a união de todas as formas de vida.

A humanização do Sinhô, um homem negro opressor, no romance *A cor púrpura*, se dá quando ele vivencia a maravilha da natureza, a beleza das árvores e das flores. Refletindo sobre o significado da vida, ele comenta:

> Eu mesmo acho que a gente tá aqui pra se admirar. Pra admirar. Pra perguntar. E admirando as grandes coisa e perguntando sobre as grande coisa é que a gente vai aprendendo as coisa pequena, quase que por acaso. [...] Quanto mais eu admiro as coisa, ele falou, mais eu amo.

Voltando-se para a natureza, ele é capaz de experimentar o "maravilhoso" e o sonho, e fazendo isso abre o coração. *Mama Day* [O dia da mãe], de Gloria Naylor, é uma crônica sobre o retorno de uma mulher negra profissionalmente bem-sucedida para suas raízes no Sul a fim de encontrar a cura e a felicidade. Valendo-se da tradição da "iluminação", na ficção ela explora o fato de as tradições espirituais alternativas se combinarem com o ritual cristão tradicional e serem passadas de geração a geração. O romancista negro Ernest Gaines ganhou projeção nacional quando sua obra *A Gathering of Old Men* foi escolhida para o Oprah's Book Club.[25] Retratando de forma fictícia os esforços dos negros para manter vivo o legado da vida rural e o manejo com a terra, Gaines destacou o papel dos negros e a tentativa da cultura dominante de apagar essa história.

---

[25] Quadro do *talk show* televisivo de Oprah Winfrey no qual a apresentadora escolhia um livro por mês para ser discutido, estimulando os espectadores a ler e participar da discussão. [N.T.]

Mais recentemente, o mundo das artes voltou a atenção às colchas de retalhos produzidas pelas comunidades negras de Gee's Bend, Alabama, um vislumbre de uma cultura de resistência que emergiu em meio à constante privação material e a severas circunstâncias, tanto públicas quanto privadas. Lindos livros de arte destacando o trabalho das artesãs de colchas usam narrativas autobiográficas de mulheres negras para nos mostrar seu modo de existir, a cultura de dar e compartilhar — muito comum naquele ambiente —, a capacidade de viver de maneira simples, plantar a própria comida, trabalhar duro e ainda assim criar beleza apesar das adversidades. Todas as narrativas das artesãs negras de Gee's Bend são um testemunho poderoso sobre como a consciência espiritual formou a base de uma nova visão que se manifestou na energia e na expressão criativas. É impossível ler os relatos e não reverenciar a paixão dessas mulheres pela produção artística e sua habilidade para tal, no passado e no presente, mesmo quando há pouca ou nenhuma recompensa financeira pelas obras maravilhosas criadas por elas com retalhos de tecidos.

Quando a cultura hegemônica celebra a cultura e as tradições dos negros do Sul, em geral é para revelar sua beleza e, em seguida, anunciar que ficaram no passado. Raramente são mencionados os possíveis benefícios que indivíduos negros podem ter ao assumir suas raízes na terra, ao ver na migração da cidade para o campo uma forma de renovação, ao buscar apoio emocional em práticas espirituais alternativas ou mesmo ao adotar uma dieta composta por alimentos cultivados e preparados em casa, um jeito de recuperar a saúde. Pelo contrário, a cultura tradicional do negro sulista tende a ser vista como um estigma de nostalgia sentimental rasa, normalmente para dizer como as coisas eram muito melhores no passado, "naqueles tempos", mas sem tentativas de integrar o que outrora foi construtivo e positivo à vida no presente.

Tem sido especialmente difícil para os negros, do interior e das capitais, parar de venerar a economia profana, segundo a qual basta ter acesso a mais recursos materiais para supostamente alcançar uma vida maravilhosa. E, embora conheçamos as histórias de indivíduos negros que acumularam imensas riquezas e mesmo assim se ressentem da falta de significado e direção na vida, a maioria dos negros (como quase todos em nossa cultura) ainda se apega à suposição de que a recompensa econômica é a chave para viver bem. Mais do que qualquer outro grupo, as pessoas brancas progressistas abastadas e/ou adeptas do *new age* pareciam ser as mais interessadas na celebração de raízes e tradições populares. Embora ainda haja um interesse pelos modos de vida alternativos e pela espiritualidade *new age* remanescentes dos anos 1960, esses aspectos não têm apelo entre as massas em nossa nação. Eles coexistem (e, às vezes, competem) com uma visão materialista do mundo.

A espiritualidade *new age*, as terapias alternativas e a preocupação com a alimentação e o meio ambiente incentivam os indivíduos a voltar para a terra, a viver de forma simples. Ainda assim, não vemos nessa arena cultural a presença de muitas pessoas de cor. Enquanto alguns negros retornam para o interior, saindo do Norte para voltar ao Sul (essas mudanças são documentadas pelo trabalho antropológico e sociológico sobre migração de regresso), não existem muitos espaços públicos dispostos a ouvir sobre nossa paixão por meio ambiente, produção local de alimentos, consciência espiritual e modo de vida simples. Integrar essas preocupações com as formas tradicionais do saber recebidas dos anciões instruídos é importante para alguns de nós, e estamos tentando resgatar essa sabedoria. Reconhecemos o risco do apagamento completo de muitos valores importantes se não os reivindicarmos e recuperá-los.

Uma das principais ferramentas da colonização é difundir a suposta falta de aptidão ou de tempo das pessoas pobres (sobretudo negras) para se preocuparem com a qualidade de vida. Evidentemente, essa é uma das suposições que cairiam por terra se houvesse mais informação disponível sobre nossa história na zona rural. A mídia de massa é, de fato, um espaço que pode ser usado para instruir as pessoas e lembrá-las disso. Filmes como *Filhas do Pó,* de Julie Dash, e *A Terra do Sol*, de John Sayles, chamam atenção para o envolvimento do negro com a terra, com as preocupações ambientais, com a questão global da sustentabilidade.

Esperamos que cada vez mais pensadores, escritores e artistas negros compartilhem nosso engajamento com as questões de preservação ambiental, produção local de alimentos (tanto como consumidores quanto como produtores), manejo da terra, vida simples e nossas variadas práticas espirituais, para assim podermos traçar um caminho a ser seguido por outros. Retornar à terra natal não é uma opção para todos, mas isso não significa que importantes tradições e valores do passado não possam ser incorporados às suas casas, onde quer que estejam. No livro *The Heart Can Be Filled Anywhere On Earth* [O coração pode se sentir bem em qualquer lugar do mundo], Bill Holm relata o próprio empenho em retornar à terra natal depois de muitos anos. Após viver em diversos lugares, tanto no país quanto no exterior, o retorno, para ele, significa reconhecer seu anseio por encontrar "uma sensação de origem, mesmo com desconforto", e que nesse anseio "estava o desejo por conexão". Ele termina a introdução a essa coletânea de ensaios com a seguinte declaração:

> Primeiro argumentam que fomos afundados pela ganância — o consumismo saiu do controle, uma mania de comprar o que não precisamos nem desejamos —, pelo medo — do "estranho", que não passa de um disfarce para o medo de nós mesmos e de nossa história —, pela tecnologia — que fazemos mau uso dela por confiar demais, que ela nos deprecia e nos abstrai, nos separa tanto da natureza quanto uns dos outros — e, finalmente, pela noção maluca de que definimos e inventamos a nós mesmos sem considerar qualquer sensação de origem ou conexão.

Seja lendo Bill Holm ou o mais recente trabalho de Barbara Kingsolver, *Animal, Vegetable, Miracle*, para muitos de nós retornar à terra natal coloca um fim no isolamento. Estamos conectados. E essas conexões, tanto com o passado quanto com o presente, nos confortam, nos mantêm na expectativa pelo mistério, alegram a vida.

16.
hábitos do coração

Por toda a vida, procurei um lugar de pertencimento, um lugar para ser o meu lar. Fui criada em uma pequena cidade do Kentucky, então sabia desde pequena o que era um lar, como era estar em um. O lar era um lugar seguro, onde não haveria dor. Era um lugar para curar as feridas. O lar era o lugar onde eu tinha importância. O lar era o lugar que me fazia falta; não era onde eu morava. A primeira casa familiar de que me lembro, formada por blocos e chão de concreto, instalada no topo da colina, parecia nua em contraste com o exuberante pano de fundo de uma densa paisagem natural: árvores, trepadeiras de madressilvas, arbustos de amora e morangos silvestres faziam da casa de concreto uma invasora, uma força contrária à natureza, incapaz de assumir o controle sobre o mundo selvagem: a casa era imutável e a paisagem natural seguia em incontestável crescimento.

Na vastidão selvagem — o primeiro lugar onde vivi e entendi minha existência —, eu era a natureza, e ela era eu. A natureza foi minha melhor amiga de infância. Quando a vida dentro da casa de concreto ficava difícil e insustentável, sempre havia o "lá fora". Sempre havia para mim um lugar na natureza.

Os adultos diziam e repetiam que devemos respeitar a natureza à nossa volta, entender o que pode ser amigo ou inimigo. Nossa tarefa era discernir, estar na natureza como parte dela, entender os limites do mundo natural e do corpo humano naquele cenário. A generosidade da natureza nos deu o prazer de caminhar por entre infindáveis plantações, o prazer de estourar na boca um tomate amarelo ou vermelho colhido diretamente do pé. Logo no começo da infância, vivenciei em primeira mão tudo o que o poeta Gerard Manley Hopkins evoca quando escreve que "a natureza nunca se esgota",[26] que dentro dela "vive tudo de mais fresco e genuíno".[27] Quando criança, acreditava que a natureza ao meu redor possuía seu próprio perfume especial e que, quando eu ficava do lado de fora por bastante tempo, esse aroma entrava em mim e me acompanhava até dentro de casa; era o odor de um mundo fecundo de crescimento indomável e sem limites.

Perambular pelas colinas do Kentucky era o paraíso para mim. Eu tinha certeza de que pertencia ao meu lugar e ao meu propósito. Nessa cultura de pertencimento, aprendi a importância da providência divina. Acompanhando Jerry, meu avô paterno, agricultor que trabalhava pelo sistema de parceria rural, aprendi que o homem não podia fazer tudo, que ele não podia fazer as plantações crescerem ou a chuva cair. Aprendi que a humanidade era especial, considerando nossas características diferentes em relação aos animais, mas que estávamos sujeitos a poderes maiores. Vovô Jerry sempre dizia: "Enquanto o homem souber do seu lugar na natureza, tudo irá bem; mas, quando ele se esquecer disso e se sentir deus, os problemas vão começar".

Essa profunda crença na ordem divina permitiu a vovô Jerry vivenciar a plenitude e a integridade, apesar das forças

---

[26] No original, "nature is never spent". [N.E.]
[27] No original, "lives the dearest freshest deep down things". [N.E.]

de exploração e opressão supremacistas brancas ao seu redor. Seu amor pelo solo, o refúgio encontrado na natureza, dava a ele uma mente aberta e um coração elevado. Apesar do sofrimento por viver sob as leis da segregação, sujeito aos cruéis caprichos de um regime patriarcal supremacista branco, ele encontrou uma cultura de pertencimento no mundo natural, sempre contando com a terra. Foi essa cultura de pertencimento que ele compartilhou comigo, sua primeira neta, que o seguia enquanto ele jogava sementes na terra, enquanto colhia os frutos do seu trabalho. Em *Rebalancing the World*, Carol Lee Flinders afirma que devemos pensar nos valores de pertencimento como hábitos do coração. Faz sentido a sensação de plenitude que tomava meu peito na primeira infância.

Explicando mais sobre sua visão da cultura de pertencimento, Flinders escreve:

> Os valores do pertencimento são, com efeito, os sintomas de uma forma particular de estar no mundo. Juntos, eles constituem um todo dinâmico — uma síndrome, em outras palavras, ou uma orientação ou um *éthos*. Dentro desse todo, cada valor reforça e quase contém em si os outros, e a fonte do poder desses valores como uma constelação é a sinergia entre eles.

Flinders pede aos leitores que reflitam sobre os valores de pertencimento como "pontos em um círculo, janelas abertas para uma única realidade". Listando as características da cultura de pertencimento, Flinders explica:

> É inerente à cultura de pertencimento um forte sentimento e uma íntima conexão com a terra à qual se pertence, uma relação empá-

tica com os animais, autocontrole, responsabilidade ambiental, deliberação consciente, equilíbrio, expressividade, generosidade, igualitarismo, mutualidade, afinidade com modos alternativos de conhecimento, ludicidade, inclusão, resolução não violenta de conflitos e mente aberta.

Os valores de pertencimento gravados em minha consciência nos primeiros anos de infância, como filha da natureza, entravam em conflito com os valores e as crenças presentes no ambiente doméstico patriarcal. A casa de concreto não era o meu lugar; ali o meu espírito era um estrangeiro, minha alma estava sob ataque constante. A mudança de nossa família das colinas, do campo, para a cidade foi um desejo de minha mãe para que nos tornássemos mais civilizados, para nos livrar da má reputação de sermos do mato, do interior. Vinda de uma família camponesa que trabalhava com a terra, cultivava alimentos orgânicos, fazia compotas, criava galinhas, fazia sabão e vinho, minha mãe queria ficar o mais distante possível dessa vida. O fato de a mudança para a cidade ter despedaçado minha paz interior era o que ela precisava para comprovar o argumento de que viver nas colinas tornava seus filhos pessoas esquisitas.

Para mim, essa mudança foi traumática. Presa à dor de ter deixado a paisagem natural da minha infância, eu me sentia deslocada na cidade, sentia uma tristeza constante. No ambiente urbano, eu ficava cara a cara com as políticas de raça, classe e gênero. Acostumada a perambular pelas colinas e me sentir livre, aprendi na cidade que a melhor forma de uma garota (sobretudo uma garota negra) estar segura era ficar parada, enclausurada, confinada. Aprendi que para se manter seguro no espaço dos negros era necessário se manter dentro dos limites estabelecidos, não atravessar os caminhos que separavam os negros dos brancos. Aprendi que vestir roupas feitas em casa ou doadas era vergonhoso. Minha confiança de pertencer a este mundo se foi. Foi-se embora o espírito selvagem que crescia em minha alma a cada dia, como o vento, como o ar, como o ser. Ao explicar o significado de "selvagem" em sua coletânea de ensaios *Hunting for Hope* [À caça da esperança], Scott Russell Sanders afirma:

> Como a figura ardilosa dos contos conhecida no mundo todo, o selvagem tem muitos disfarces, que incluem os de criador e destruidor. [...] Cada forma que se junta à existência um dia desaparece, cada célula, cada estrela. [...] Um dia o coração vivo para de bater. Sabendo disso, temos a escolha de ter discernimento sobre o selvagem, sobre a condição real de nossa existência, principalmente sobre o que ele tira de nós, o que ele nos dá.

Foi a generosidade da natureza selvagem, me acolhendo e me dando a sensação de plenitude, que me fez lamentar sua perda quando criança.

Em um mundo ao qual eu não pertencia, lutei para encontrar estratégias de sobrevivência. No mundo da cultura dominante, tanto dentro quanto fora de casa, encontrei refúgio nos livros, em formas de perceber o mundo que expandiam minha consciência e me deixavam querendo mais do que eu achava ser possível no cenário constantemente mutável do Kentucky, com negros deixando as colinas, o campo, o interior, em busca da promessa de uma vida melhor na cidade, ou saindo em debandada rumo ao Norte.

Embora a luta pelos direitos civis tenha integrado as escolas secundárias, os reencontros de turma eram sempre segregados.

Quando chegou o momento do reencontro após vinte anos de formados, decidiu-se que não haveria segregação por raça, que era hora de nos reunirmos para recordar o período na escola. Eu me sentei à mesa com corajosos amigos brancos que ousaram cruzar os limites de raça e classe para formar uma comunidade. Como eu, eles sempre souberam que eu iria embora para nunca mais voltar, que minha alma era grande demais para as limitações do nosso Kentucky. Eles achavam que a Califórnia e a cidade de Nova York seriam os lugares certos para mim, lugares nos quais era permitido ser diferente e livre. Assim como meus queridos amigos negros, eles aceitavam que eu viesse de vez em quando para visitar, mas nunca para ficar. Ann, a amiga branca sobre a qual escrevi em *Bone Black* e em *Wounds of Passion* [Feridas da paixão], ainda mora na mesma cidade. Ken, nosso amigo branco, tem uma casa não muito longe dali, na qual ele passa algumas temporadas; é um lugar de descanso para ele e sua família. Na vida adulta, eles não criaram mais relações íntimas com amigos negros, como fizeram na nossa adolescência. O fato de terem uma vida mais segregada não fere o espírito deles como quando éramos jovens e desejávamos viver em comunidade.

Muitas vezes, os negros que abandonam suas raízes no Sul fogem de maneira simbólica para escapar do racismo cotidiano que restringe, limita e confina, um racismo que parece, de certa forma, pior do que aquele encarado em qualquer outro lugar, porque se trata de um terrorismo íntimo imposto não por estranhos, mas por pessoas muito familiares.

Quando saí do Kentucky, há mais de trinta anos, me senti no exílio, como se tivesse sido forçada a deixar a paisagem da minha origem, minha terra natal, porque ali meu desenvolvimento — a realização completa do meu potencial — não era permitido. Tanto o mundo doméstico da disfunção familiar quanto o mundo exterior de dominação ameaçavam sufocar meu espírito. Ao escrever sobre o exílio em *À sombra desta mangueira*, Paulo Freire afirma:

> *Sofrer* o exílio implica reconhecer que se deixou o contexto de origem, significa a experiência da amargura, a experiência da clareza de algo nublado, mas em que devo mover-me com acerto.
> Não se *sofre* o exílio quando ele é apenas dor e pessimismo. Não se *sofre* o exílio quando o presente do exilado gira nostalgicamente em torno de seu passado. Mas não se *sofre* o exílio quando ele é só razão. *Sofro* o exílio quando o meu corpo consciente, razão e sentimentos, meu corpo inteiro é por ele tocado. Assim, não sou apenas lamento, mas projeto. Não vivo só no passado, mas existo no presente em que me preparo para a volta possível.

O exílio colocou em perspectiva para mim tudo o que era vital e básico no Kentucky onde cresci. Ali era o campo dos sonhos explorados por mim para revelar a cultura contra-hegemônica de pertencer que me fez diferente, capaz de ser radicalmente aberta. Foi nas terras do Kentucky que vivenciei a interação entre raça, gênero e classe. Foi ali que aprendi a importância de interligar os sistemas de dominação; que o aprendizado na prática se tornou um recurso de extrema importância quando comecei a escrever teoria crítica.

Embora o sotaque do Kentucky misturado com o nosso vernáculo fosse a língua falada nos meus sonhos, eu não me imaginava voltando a morar no Kentucky. Visitei o estado inúmeras vezes e sentia poucas mudanças. Sentia que havia menos espaço para mim depois de adulta do que quando criança.

O racismo inalterado parecia estar ainda mais impregnado nas profundezas da sociedade. A cultura da plantation ainda parecia ser a regra. Prevalecia o pensamento religioso fundamentalista irracional e tacanho. Justificações refinadas para a cultura dominante estavam sempre presentes.

Para mim, voltar para casa me dava a impressão de voltar no tempo. Na maioria das vezes, dedicava momentos a lamentar o desaparecimento dos antigos costumes positivos, da antiga cultura, dos idosos que estavam partindo. No meu trabalho, tanto nas artes visuais quanto na escrita, tenho me aproximado das memórias de criança no Kentucky para evocar a consciência do poder de uma cultura de pertencimento. Para de fato pertencer a algum lugar, deve-se entender o fundamento do ser. E essa compreensão inevitavelmente leva à infância. Em *The Hidden Wound*, Wendell Berry declara: "Eu voltei para minha terra natal, para viver ali consciente de sua natureza e de suas possibilidades". Apesar de Berry ter passado a maior parte da vida no Kentucky, suas reflexões sobre o passado fazem parte de uma busca por cura e completude, essenciais ao projeto da reivindicação de si. Morar longe da minha terra natal explorando o passado e escrevendo sobre ele de forma crítica foi um ritual constante de reivindicação — um ritual, o ato de recordar que não apenas evocava o passado, mas também o colocava como peça central do presente. Era como se eu nunca tivesse deixado o Kentucky de fato, pois ele esteve sempre na minha imaginação: o lugar para o qual eu retornava, o fundamento do meu ser.

Ao pesquisar sobre migração de regresso, o movimento dos afro-estadunidenses das cidades urbanas para as zonas rurais do Sul onde nasceram, a antropóloga Carol Stack explica que as pessoas entrevistadas em seu estudo quiseram voltar para reivindicar aspectos de "pertencimento" e comunidade não encontrados em outros lugares, e que também ansiavam por participar da mudança de contextos familiares que pareciam imutáveis. Ela ainda comenta:

> Ninguém está em busca de um paraíso atemporal; e ninguém, por mais nostálgico que esteja, realmente quer voltar no tempo. [...] O que as pessoas procuram não é tanto o lar que deixaram para trás, mas um lugar que acreditam poder mudar, um lugar no qual sua vida e seus esforços farão diferença — um lugar para criar um lar.

Obcecada pelo projeto de criar um lar, eu me mudei para muitos lugares até tomar a decisão de voltar para o Sul. No fim, quis voltar ao lugar onde me senti parte de uma cultura de pertencimento — um lugar onde eu poderia me sentir em casa, uma paisagem da memória, do pensamento e da imaginação.

Foram mais de trinta anos morando fora do Kentucky; voltar para ver os meus pais foi sempre um ritual de respeito que renovava o sentimento de conexão com o mundo no qual cresci. Meus pais estão velhos agora. Um dia, não serão mais a força que me traz de volta para casa. Agora a força dentro de mim exige que eu finque minha própria reivindicação nesta terra. A paisagem do pertencimento de minhas lembranças me chama para comungar com o mundo onde cresci, com a natureza selvagem que permanece. Comungar com a natureza é um aspecto essencial de uma cultura de pertencimento. No livro *Callings: Finding and Following an Authentic Life* [Chamados: procurando e seguindo uma vida autêntica], Gregg Levoy nos lembra que "a natureza é o cenário ideal para um retorno a nós mesmos, à nossa fonte, ao nosso lugar de origem. É o lugar onde o mundo foi criado, de onde nossos ancestrais vieram".

Na busca por isolamento, meu espírito encontra alento na natureza. Ali, pode-se abraçar a realidade das coisas vivas e mortas, da morte dos mais velhos, da ressurreição. A contemplação do morrer e das mortes que estão por vir é outro caminho que me trouxe de volta. William Penn, quacre (*quaker*)[28] do século XVII, aconselhou:

> E este é o conforto do bondoso, cuja sepultura não pode detê-lo, que entra para a vida assim que morre. Porque a morte nada mais é do que nossa entrega do tempo para a eternidade. A morte é, então, o caminho e a condição da vida. Não podemos amar a vida se não conseguimos tolerar a morte.

E, assim, é o conhecimento do meu próprio processo de morte que me permite escolher voltar ao lugar onde vivi bem e de forma completa.

Confrontar a morte, a experiência dos ataques do Onze de Setembro, a morte de pessoas desconhecidas e próximas, jovens e velhas, por doença ou desastres, bem como enfrentar as limitações que o envelhecimento traz: tudo isso despertou em mim uma urgência de experimentar, de maneiras diferentes, culturas de pertencimento, mesmo que apenas em fragmentos ou como mundos incipientes tentando se manter vibrantes em meio à cultura dominante.

---

[28] Membro de seitas e movimentos religiosos protestantes espalhados pelos Estados Unidos e Inglaterra no século XVII. [N.E.]

O retorno ao meu estado natal me levou para Berea, uma pequena cidade no leste do Kentucky, com história e legado progressistas. O Berea College foi fundado em 1858 por um abolicionista visionário que acreditava na liberdade para todos, mulheres e homens. Foi batizado com o nome de uma cidade bíblica do Novo Testamento, Bereia, "onde as pessoas ouviam de boa vontade a mensagem". John Fee fundou o Berea College com o objetivo explícito de educar homens e mulheres, negros e brancos, da região dos Apalaches do Kentucky, em especial os pobres. Seu desejo era tornar o ensino acessível a todos em um ambiente que incorporasse os princípios da liberdade, da justiça e da igualdade. Estava comprometido com a criação de uma cultura duradoura de pertencimento. Faz sentido eu ter escolhido esse lugar para estabelecer um lar, para fazer parte de uma comunidade que se esforça em manter uma cultura do pertencer. Berea tem muitas das maravilhas da minha vida de criança.

O mundo da minha infância era de contrastes: por um lado, uma paisagem verde exuberante de cavalos velozes, cachoeiras naturais, plantações de tabaco e cardeais, o pássaro-símbolo do Kentucky; por outro, um mundo de exploração insaciável de casarões sobre pequenos barracos, um mundo de medo e dominação dos homens sobre a natureza, do branco sobre o negro, do topo sobre a base. Na minha infância, sonhava com uma cultura de pertencimento. Ainda tenho esse sonho. Reflito sobre o que seria de nossa vida se soubéssemos como cultivar a consciência, como viver atentamente, em paz. Se adquiríssemos hábitos que nos aproximassem uns dos outros, isso nos ajudaria a construir uma comunidade amorosa. Em meu trabalho enraizado na minha terra natal e nos valores que aprendi ainda muito jovem, procuro evocar uma linguagem de cura, de esperança, de possibilidade, uma linguagem dos sonhos, uma linguagem de pertencimento.

Na primeira noite depois de me mudar para o meu novo lar no Kentucky, acordei no meio da madrugada assustada com um som conhecido: o som de um trem, uma lembrança muito forte da minha infância. Quando nos mudamos do campo para a cidade, morávamos bem perto dos trilhos do trem. Toda noite, eu me deitava no silêncio da escuridão e ouvia os trens chegando e partindo, imaginando minha própria jornada, os lugares para os quais iria, as pessoas que conheceria. O som do trem me conforta, agora, como fazia à época, porque sei que voltei para casa. Eu voltei para o mundo da minha infância, o primeiro mundo em que plantei as sementes da minha história, uma pesquisadora nata, a intelectual contemplativa que escolhe a solidão, as ideias, o pensamento crítico. Aqui na minha terra natal, abracei a circularidade do sagrado: onde comecei está também o meu fim. Aqui é o meu lugar.

Berea College/Archives

bell hooks nasceu em 1952 em Hopkinsville, então uma pequena cidade segregada do Kentucky, no sul dos Estados Unidos, e morreu em 2021, em Berea, também no Kentucky, aos 69 anos, depois de uma prolífica carreira como professora, escritora e intelectual pública. Batizada Gloria Jean Watkins, adotou o pseudônimo pelo qual ficou conhecida em homenagem à bisavó, Bell Blair Hooks, "uma mulher de língua afiada, que falava o que vinha à cabeça, que não tinha medo de erguer a voz". Como estudante passou pelas universidades Stanford, de Wisconsin e da Califórnia, e lecionou nas universidades Yale, do Sul da Califórnia, no Oberlin College e na New School, entre outras. Em 2014, fundou o bell hooks Institute. É autora de mais de trinta obras sobre questões de raça, gênero e classe, educação, crítica cultural e amor, além de poesia e livros infantis, das quais a Elefante já publicou *Olhares negros*, *Erguer a voz* e *Anseios*, em 2019; *Ensinando pensamento crítico*, em 2020; *Tudo sobre o amor* e *Ensinando comunidade*, em 2021; *A gente é da hora*, *Escrever além da raça* e *Pertencimento*, em 2022; *Cultura fora da lei* e *Cinema vivido*, em 2023; *Salvação* e *Comunhão*, em 2024.

© Elefante, 2022
© Gloria Watkins, 2022

Título original:
Belonging: a Culture of Place, bell hooks
© All rights reserved, 2009
Authorised translation from the English language edition published by Routledge, a member of the Taylor & Francis Group LLC.

Primeira edição, setembro de 2022
Segunda reimpressão, outubro de 2024
São Paulo, Brasil

Dados Internacionais de Catalogação na Publicação (CIP)
Angélica Ilacqua CRB-8/7057

---

hooks, bell, 1952-2021
Pertencimento : uma cultura do lugar / bell hooks;
    tradução de Renata Balbino. São Paulo: Elefante, 2022.
    284 p.

ISBN 978-85-93115-76-9
Título original: *Belonging: a Culture of Place*

1. Negras - Kentucky (Estados Unidos) — Biografia
2. Lar — Aspectos sociais I. Título II. Balbino, Renata

22-4086   CDD 305.48896073

Índices para catálogo sistemático:
1. Negras — Kentucky (Estados Unidos) — Biografia

---

elefante

editoraelefante.com.br   Aline Tieme [comercial]
contato@editoraelefante.com.br   Beatriz Macruz [redes]
fb.com/editoraelefante   Samanta Marinho [financeiro]
@editoraelefante   Yana Parente [design]

tipografia H.H. Samuel & Calluna
papel Cartão 250 g/m² & Pólen natural 70 g/m²
impressão PifferPrint